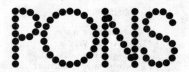

Italienisch

Basiswortschatz · Phonetik · Grammatik

bearbeitet
von
Arthur Wagner

Wortschatz
Ernst Klett Verlag

PONS Wortschatz

bearbeitet von
Dr. Arthur Wagner
auf der Basis des
Grundwortschatzes Italienisch
von P. Giovannelli

CIP-Titelaufnahme der Deutschen Bibliothek
Pons-Wortschatz. – Stuttgart : Klett.
Italienisch : Basiswortschatz, Phonetik, Grammatik / bearb.
von Arthur Wagner. – 1. Aufl., Nachdr. – 1988
ISBN 3-12-517030-3
NE: Wagner, Arthur [Mitverf.]

ISBN 3-12-517030-3

1. Auflage 1984 – Nachdruck 1988
© Ernst Klett Verlage GmbH u. Co. KG, Stuttgart 1984.
Alle Rechte vorbehalten.
Umschlaggestaltung: Erwin Poell, Heidelberg.
Druck: Ernst Klett Druckerei.
Printed in Germany

Inhalt

Vorwort

Grund- oder Mindestwortschätze wurden in den Anfängen nach dem Kriterium der Häufigkeit zusammengestellt, mittlerweile haben Untersuchungen der Lernbedürfnisse von Fremdsprachenlernern den situativen Alltagswortschatz mehr in den Vordergrund gerückt. Der PONS Wortschatz ist ein Basiswortschatz, der Häufigkeits- und Situationsvokabular miteinander kombiniert. Er beschränkt sich nicht auf Einzelwortgleichungen, sondern es werden zu vielen Wörtern Anwendungsbeispiele gegeben in Form von idiomatischen Wendungen oder auch ganzen Sätzen. Gerade Wörter mit einer hohen Frequenz haben einen großen Bedeutungsumfang, der durch die Anwendungsbeispiele erst sichtbar wird.

Alle Stichwörter und Anwendungsbeispiele sind phonetisch umschrieben nach dem API-System (Association phonétique internationale). Dies ist besonders wichtig dort, wo Wörter im Satzzusammenhang anders ausgesprochen oder betont werden als das Einzelwort (Satzphonetik). Eine ausführliche Darstellung am Anfang („Aussprache") erschließt die phonetischen Symbole, die nach dem Grundsatz 1 Laut = 1 Zeichen entwickelt wurden. Umgekehrt läßt sich mit Hilfe der Tabellen die Aussprache von der Schreibung her erschließen — eine wichtige Hilfe, um zu lernen, Geschriebenes auch ohne phonetische Umschrift richtig auszusprechen.

Zur richtigen Anwendung tragen auch die grammatikalischen Angaben nach den Einträgen im Wortschatzteil bei — Stammformen der Verben, unregelmäßige Plurale etc. Die Kurzgrammatik im Anhang gibt einen generellen Überblick über den Aufbau der Sprache und über ihre Regelmäßigkeiten.

Der PONS Wortschatz eignet sich für alle, die ihr Sprachwissen wiederauffrischen und systematisieren wollen. Natürlich soll er nicht mechanisch von A bis Z durchgearbeitet werden. Für ein aktives Lernen ist es wichtig, daß das gelernt wird, wo gerade Lücken bestehen. Dazu kann man z. B. die erarbeiteten Stichwörter mit einem Leuchtstift markieren und sie nach einiger Zeit zur Kontrolle wiederholen. Eine andere Möglichkeit ist die, selbständig eine Vokabelkartei anzulegen und aktiv mit ihr zu arbeiten. Auf diese Weise erwirbt der Lernende eine solide Grundlage für ein sprachliches Basiswissen.

Das italienische Alphabet und die wichtigsten Buchstabenverbindungen

Buchstabe	Laut-wert	Stellung	Beispiel	
A a [a]	[aː]	betont, in offener Silbe;	Milano padre mai	[miˈlaːno] [ˈpaːdre] [ˈmaːi]
	[a]	sonst	fatto	[ˈfatto]
à	[a]		bontà	[bonˈta]
B b [bi]	[b]		bello libro	[ˈbɛllo] [ˈliːbro]
bb	[bb]		pubblico ebbene	[ˈpubblico] [ebˈbɛːne]
C c [tʃi]	[tʃ]	vor e, i (vgl. ci);	Pace dodici	[ˈpaːtʃe] [ˈdoːditʃi]
	[k]	sonst	poco	[ˈpɔːko]
cc	[ttʃ]	vor e, i (vgl. cci);	facce accidente	[ˈfattʃe] [attʃiˈdɛnte]
	[kk]	sonst	ecco	[ˈɛkko]
cch	[kk]		pacchi	[ˈpakki]
cci	[ttʃ]	vor Vokal, bei nicht ausgesprochenem i;	faccia	[ˈfattʃa]
	[ttʃi]	sonst	accidente	[attʃiˈdɛnte]
ch	[k]		chiaro	[ˈkiaːro]
ci	[tʃ]	vor Vokal, bei nicht ausgesprochenem i;	cielo	[ˈtʃɛːlo]
	[tʃi]	sonst	cittá	[tʃitˈta]
cq	[kk]		acqua	[ˈakkua]
D d [di]	[d]		dare sud	[ˈdaːre] [sud]
dd	[dd]		addio	[adˈdiːo]
E e [e]	[eː]	betont, in offener Silbe	vero allegro	[ˈveːro] [alˈleːgro]
	[ɛː]	betont, in offener Silbe;	sei piede	[ˈsɛːi] [ˈpiɛːde]
	[e]	sonst betont; unbetont;	stella metà	[ˈstella] [meˈta]
	[ɛ]	sonst betont	ecco	[ˈɛkko]
é	[e]		perché	[perˈke]
è	[ɛ]		caffè	[kafˈfɛ]

Buchstabe	Laut-wert	Stellung	Beispiel	
F f ['ɛffe]	[f]		fare	['faːre]
ff	[ff]		stoffa offrire	['stɔffa] [offriːre]
G g [dʒi]	[dʒ]	vor e, i (vgl. gi);	gente giro	['dʒɛnte] ['dʒiːro]
	[g]	sonst	lago	['laːgo]
gg	[ddʒ]	vor e, i (vgl. ggi);	legge oggi	['leddʒe] ['ɔddʒi]
	[gg]	sonst	leggo	['leggo]
ggh	[gg]		mugghiare	[mug'giaːre]
ggi	[ddʒ]	vor Vokal, bei nicht ausgesprochenem i;	coraggio	[ko'raddʒo]
	[ddʒi]	sonst	oggi	['ɔddʒi]
gh	[g]		lunghi	['luŋgi]
gi	[dʒ]	vor Vokal, bei nicht ausgesprochenem i;	giocare	[dʒo'kaːre]
	[dʒi]	sonst	giro	['dʒiːro]
gli	[ʎ]	in *gli* (Artikel und Pronomen) vor Vokal;	gli altri glielo	['ʎaltri] ['ʎeːlo]
	[ʎi]	in *gli* vor Konsonant;	gli stessi	[ʎi s'tessi]
	[ʎʎ]	zwischen Vokalen, bei nicht ausgesprochenem i;	foglia	['fɔʎʎa]
	[ʎʎi]	sonst	fogli	['fɔʎʎi]
	[gli]	in gelehrten Wörtern (selten)	negligente	[negli'dʒɛnte]
gn	[ɲɲ]	zwischen Vokalen	ogni	['oɲɲi]
	[ɲ]	am Wortanfang (selten)	gnocco	['ɲɔkko]
	[gn]	in Fremdwörtern (selten)	wagne-riano	[vagne-'rjaːno]
H h ['akka]		hat keinen eigenen Lautwert	ha	[a]

Buchstabe	Lautwert	Stellung	Beispiel	
I i [i]	[iː]	betont, in offener Silbe;	vino zio libro	['viːno] ['tsiːo] ['liːbro]
	[i]	sonst betont; unbetont	zitto città	['tsitto] [tʃitˈta]
	[i̯]	Halbvokal, im steigenden Diphthong	ieri piatto aiuto	['i̯ɛːri] ['pi̯atto] [aˈi̯uːto]
ì	[i]		tassì	[tasˈsi]
J j [i lˈluŋgo]		heute im allgemeinen durch i ersetzt		
K k [ˈkappa]	[k]	nur in Fremdwörtern		
L l [ˈɛlle]	[l]		libro	['liːbro]
ll	[ll]		collo	['kɔllo]
M m [ˈɛmme]	[m]		mare	['maːre]
mm	[mm]		nemmeno	[nemˈmeːno]
N n [ˈɛnne]	[m]	vor [p b m]	in piedi in mare	[im ˈpi̯ɛːdi] [im ˈmaːre]
	[ŋ]	vor [k g]	incarico	[iŋˈkaːriko]
	[ɲ]	vor [ʎ ɲ]; sonst	con gli occhi	[koɲ ˈʎɔkki]
	[n]		nero	['neːro]
nn	[nn]		nonno	['nɔnno]
O o [ɔ]	[oː]	betont, in offener Silbe	ora noi sopra	['oːra] ['noːi] ['soːpra]
	[ɔː]	betont, in offener Silbe; sonst	nove poi	['nɔːve] ['pɔːi]
	[o]	betont; unbetont;	mondo	['mondo]
	[ɔ]	sonst betont	nonna	['nɔnna]
ò	[ɔ]		farò	[faˈrɔ]
P p [pi]	[p]		capo	['kaːpo]
pp	[pp]		cappotto	[kapˈpotto]
Q q [ku]		nur in der Verbindung qu [ku̯]	quando	['ku̯ando]
R r [ˈɛrre]	[r]		raro	['raːro]
rr	[rr]		torre	['torre]

Buchstabe	Laut-wert	Stellung	Beispiel	
S s ['ɛsse]	[z]	zwischen Vokalen; vor stimmhaften Konsonanten [b d g m n l r v]	caso sguardo svelto	['ka:zo] ['zguardo] ['zvɛlto]
	[s]	zwischen Vokalen; sonst	casa seta pensare	['ka:sa] ['se:ta] [pen'sa:re]
sc	[ʃ]	am Wortanfang, vor e, i (vgl. sci)	scendere sci	['ʃendere] [ʃi]
	[ʃʃ]	nach Vokal, vor e, i (vgl. sci); sonst	pesce lasci	['peʃʃe] ['laʃʃi]
	[sk]		scuro tasca scrivere	['sku:ro] ['taska] ['skri:vere]
sch	[sk]		scherzo	['skertso]
sci	[ʃ]	am Wortanfang, vor Vokal, bei nicht ausgesprochenem i	scienza	['ʃɛntsa]
	[ʃi]	am Wortanfang (selten)	sciare	[ʃi'a:re]
	[ʃʃ]	zwischen Vokalen, bei nicht ausgesprochenem i;	lasciare	[laʃ'ʃa:re]
	[ʃʃi]	sonst	lasci	['laʃʃi]
ss	[ss]		rosso	['rosso]
T t [ti]	[t]		teatro	[te'a:tro]
tt	[tt]		sotto	['sotto]
U u [u]	[u:]	betont, in offener Silbe;	nudo suo nutro	['nu:do] ['su:o] ['nu:tro]
	[u]	sonst betont; unbetont	tutto burlare	['tutto] [bur'la:re]
	[u̯]	Halbvokal, im steigenden Diphthong	nuovo	['nu̯ɔ:vo]
ù	[u]		virtù	[vir'tu]
V v [vu]	[v]		vino	['vi:no]
vv	[vv]		avvenire	[avve'ni:re]
W w [vu d'doppio]	[v]	nur in Fremdwörtern		

Buchstabe	Lautwert	Stellung	Beispiel	
X x [iks]	[ks]	nur in gelehrten Wörtern		
Y y ['ipsilon]	[i]	nur in Fremdwörtern		
Z z ['dzɛ:ta]	[ts]	am Wortanfang; nach Konsonanten	zio	['tsi:o]
			terzo	['tɛrtso]
	[dz]	am Wortanfang; nach Konsonanten (selten)	zero	['dzɛ:ro]
			romanzo	[ro'mandzo]
	[tts]	zwischen Vokalen	azione	[at'tsio:ne]
	[ddz]	zwischen Vokalen (selten)	azienda	[ad'dziɛnda]
zz	[tts]		pezzo	['pɛttso]
	[ddz]		azzurro	[ad'dzurro]

Aussprache

Laute	Aussprache und Beispiele

[i e ɛ a ɔ o u]	[ɛ a ɔ] kommen auch im Deutschen als betonte Vokale vor:
	it. ecco ['ɛkko] *dt.* fest [fɛst]
	  fatto ['fatto] dann [dan]
	  otto ['ɔtto] Bonn [bɔn]
	[i e o u] kommen als kurze Vokale im Deutschen (meist in Fremdwörtern) nur in unbetonter Stellung vor:
	it. zitto ['tsitto] *dt.* Idee [i'de:]
	  stella ['stella] elegant [ele'gant]
	  mondo ['mondo] desto ['dɛsto]
	  burro ['burro] Coupé [ku'pe:]

[i: e: ɛ: a: ɔ: o: u:]	[i: e: ɛ: o: u:] lange Vokale wie im Deutschen;
	[a:] langes vorderes a wie im Französischen, etwas weiter vorne artikuliert als im Deutschen;
	[ɔ:] langes offenes o wie im Französischen:
	it. libro ['li:bro] *dt.* Lied [li:t]
	  nero ['ne:ro] Mehl [me:l]
	  piede ['piɛ:de] spät [ʃpɛ:t]
	  caro ['ka:ro] Tag [ta:k]
	            frz. garage [ga'ra:ʒ]
	  poco ['pɔ:ko] *frz.* fort [fɔ:r]
	  ora ['o:ra] *dt.* Hof [ho:f]
	  nudo ['nu:do] *dt.* Huhn [hu:n]

[p t k]	werden nicht aspiriert (behaucht) ausgesprochen, wie im Französischen
[b d g]	sind sehr stimmhaft, wie im Französischen
[ɲ]	palataler Nasalkonsonant, wie im Französischen und Spanischen: *it.* ogni ['oɲɲi] *frz.* cognac [kɔ'ɲak] *span.* España [es'paɲa]
[ŋ]	velarer Nasalkonsonant, wie der deutsche ng-Laut: *it.* incarico [iŋ'ka:riko] *dt.* lang [laŋ]
[ʎ]	palataler Seitenlaut, wie im Spanischen: *it.* foglia ['fɔʎʎa] *span.* calle ['kaʎe]
[r]	mehrschlägiges Zungenspitzen-R: *it.* caro ['ka:ro]
[v]	entspricht der Aussprache des deutschen w-Lautes, im Italienischen sehr stimmhaft: *it.* vino ['vi:no] *dt.* was [vas]

Laute	Aussprache und Beispiele
[s]	stimmloses („scharfes") s, wie im Deutschen: *it.* casa ['ka:sa] *dt.* das [das]
[z]	stimmhaftes („weiches") s, im Italienischen sehr stimmhaft: *it.* caso ['ka:zo] *dt.* Vase ['va:zə]
[ʃ]	entspricht dem deutschen sch-Laut: *it.* scendere ['ʃendere] *dt.* Scheck [ʃɛk]
[ts]	entspricht dem deutschen z-Laut: *it.* zio ['tsi:o] *dt.* Zug [tsu:k]
[dz]	Verbindung von d und stimmhaftem s: *it.* zero ['dzɛ:ro]
[tʃ]	entspricht der deutschen Lautverbindung tsch: *it.* pace ['pa:tʃe] *dt.* Matsch [matʃ]
[dʒ]	stimmhafte Affrikate wie im Englischen: *it.* gente ['dʒɛnte] *engl.* gin [dʒɪn] John [dʒɔn]
[pp bb tt ...]	sind gelängte, d. h. ohne Unterbrechung gesprochene Konsonanten. Im Deutschen können lange Konsonanten in Zusammensetzungen und Wortfolgen vorkommen, wenn diese ohne Pause gesprochen werden: *it.* nonno ['nɔnno] *dt.* Annahme ['anna:mə] collo ['kɔllo] wahllos ['va:llo:s] Raddoppiamento sintattico (syntaktische Verdoppelung): die Verdoppelung des Anfangskonsonanten (vor Vokal oder l, r) und der Affrikaten [tʃ dʒ]. Sie tritt in folgenden Fällen ein: — nach einsilbigen, auf Vokal endenden Wörtern (mit Ausnahme der Artikel, der unbetonten Pronomen und der Präpositionen di und pro), — nach Wörtern, die auf betonten Vokal enden, sowie — nach einigen zweisilbigen Wörtern (come, contra, dove, infra, qualche, sopra). Die Laute [ɲ ʎ ʃ ts dz] werden zwischen Vokalen immer verdoppelt, also auch als Anfangskonsonanten, wenn das vorausgehende Wort auf Vokal endet: *it.* a Roma [a rˈro:ma] perché no? [perˈke nˈno] qualche volta ['kualke vˈvɔlta] lo sci [lo ʃˈʃi]

Liste der Abkürzungen

adj	Adjektiv	aggettivo
adv	Adverb	avverbio
cf	vergleiche	vedi
conj	Konjunktion	congiunzione
etw	etwas	qualcosa
f	Femininum	femminile
fig	übertragen	figurativo
inf	Infinitiv	infinito
inv	unveränderlich	invariabile
itr	intransitiv	intransitivo
jdm	jemandem	a qualcuno
jdn	jemanden	qualcuno
m	Maskulinum	maschile
n	Neutrum	neutro
pl	Plural	plurale
prn int	Fragepronomen	pronome interrogativo
prn rel	Relativpronomen	pronome relativo
prp	Präposition	preposizione
qc	etwas	qualcosa
qn	jemand	qualcuno
subj	Konjunktiv	congiuntivo
tr	transitiv	transitivo

Wortschatz Italienisch – Deutsch

A

a [a] — in; auf; an; zu; nach; um; mit; für; bis; bei; unter; durch

a Roma [a r'ro:ma] — nach/in Rom

sono a casa ['so:no a k'ka:sa] — ich bin zu Hause

vado a casa ['va:do a k'ka:sa] — ich gehe nach Hause

a tavola [a t'ta:vola] — zu/bei Tisch

al mare [al 'ma:re] — ans/am Meer

a scuola [a s'kṷɔ:la] — in die/der Schule

alle tre ['alle 'tre] — um drei Uhr

abbandonare [abbando'na:re] — verlassen, im Stich lassen, aufgeben

abbassare [abbas'sa:re] — herunterlassen; senken *(Preise)*

abbassare gli occhi [abbas'sa:re ʎ'ʎɔkki] — die Augen niederschlagen

abbassare la testa [abbas'sa:re la 'tɛsta] — den Kopf neigen

abbastanza [abbas'tantsa] — genug, ausreichend; ziemlich

ne ho abbastanza [ne 'ɔ abbas'tantsa] — ich habe genug (davon)

abbattere [ab'battere] — niederschlagen; fällen *(Baum)*; abschießen *(Flugzeug)*; niederreißen *(Gebäude)*

abile (a) ['a:bile (a)] — geschickt, gewandt, fähig (zu)

l'abitante [abi'tante] *m* — Einwohner *m*, Bewohner *m*

abitare (in) [abi'ta:re (in)] — wohnen, bewohnen; leben (in)

abito dagli/presso gli Sforza ['a:bito 'daʎʎi/'prɛsso ʎʎi s'fɔrtsa] — ich wohne bei Sforzas

l'abitazione [abitat'tsi̯o:ne] *f* — Wohnung *f*

l'abito ['a:bito] *m* — Kleid *n*, Anzug *m*

abituarsi (a) [abitu'arsi (a)] — sich gewöhnen (an)

l'abitudine [abi'tu:dine] *f* — Gewohnheit *f*

per abitudine [per abi'tu:dine] — gewöhnlich, aus Gewohnheit

accanto (a) [ak'kanto (a)] — neben, daneben

accanto a me [ak'kanto a m'me] — neben mir/mich

l'uno accanto all'altro — nebeneinander
['lu:no ak'kanto al'laltro]

la camera accanto — Nebenzimmer *n*
[la 'ka:mera ak'kanto]

accendere (acceso) — anzünden; einschalten *(Licht,*
[at't∫endere (at't∫e:so)] *Radio)*

il motore non si accende — der Motor springt nicht an
[il mo'to:re non si at't∫ende]

l'accento [at't∫ento] *m* — Akzent *m*, Betonung *f*

accettare [att∫et'ta:re] — annehmen; zustimmen, akzep-
tieren

accidenti! [att∫i'dɛnti] — so etwas Dummes!, verdammt!

accogliente [akkoʎ'ʎɛnte] — einladend, gemütlich

accogliere (accolto) — aufnehmen, empfangen
[ak'koʎʎere (ak'kɔlto)]

accomodarsi [akkomo'darsi] — Platz nehmen

s'accomodi [sak'kɔ:modi] — nehmen Sie Platz

accomodati [ak'kɔ:modati] — nimm Platz

accompagnare — begleiten; mitnehmen
[akkompaɲ'ɲa:re]

accompagnare in macchina — im Auto mitnehmen
[akkompaɲ'ɲa:re im 'makkina]

accontentare [akkonten'ta:re] — zufriedenstellen

accontentarsi (di)] — sich begnügen (mit)
[akkonten'tarsi (di)]

accordare [akkor'da:re] — bewilligen, gewähren

l'accordo [ak'kɔrdo] *m* — Einverständnis *n*; Vereinbarung *f*

d'accordo! [dak'kɔrdo] — einverstanden!, abgemacht!

è d'accordo con me — er stimmt mit mir überein
['ɛ ddak'kɔrdo kom 'me]

ci siamo messi d'accordo — wir sind uns einig geworden
[t∫i 'sįa:mo 'messi dak'kɔrdo]

vivere in pieno accordo con — in gutem Einvernehmen mit
qn ['vi:vere im 'pįɛ:no ak'kɔrdo — jdm leben
kon ...]

accorgersi (di) (accorto) — bemerken, wahrnehmen
[ak'kɔrdʒersi (di) (ak'kɔrto)]

me ne sono accorto — ich habe es bemerkt, es ist mir
[me ne 'so:no ak'kɔrto] — aufgefallen

l'aceto [a't∫e:to] *m* — Essig *m*

l'acqua ['akkųa] *f* — Wasser *n*

acqua corrente/bollente — fließendes/heißes Wasser
['akkųa kor'rɛnte/bol'lɛnte]

acqua in bocca
['akkụa im 'bokka]
kein Wort davon!

trovarsi in cattive acque
[tro'varsi iŋ kat'ti:ve 'akkụe]
in der Klemme sein

l'acquisto [ak'kụisto] *m*
Erwerb *m*, Kauf *m*

fare acquisti ['fa:re ak'kụisti]
Einkäufe machen

acquistare [akkụis'ta:re]
erwerben, kaufen

acuto, a [a'ku:to, -a]
scharf, spitz; akut

dolore acuto [do'lo:re a'ku:to]
heftiger Schmerz

adagio [a'da:dʒo] *adv*
langsam

adatto, a [a'datto, -a]
geeignet, passend

addirittura [addirit'tu:ra]
direkt; ohne weiteres; sogar

conosce addirittura il presidente [ko'noʃʃe addirit'tu:ra il presi'dɛnte]
er kennt sogar den Präsidenten

addormentare
[addormen'ta:re]
einschläfern, betäuben

addormentarsi
[addormen'tarsi]
einschlafen

adesso [a'desso]
jetzt, nun

è arrivato adesso
[ɛ arri'va:to a'dɛsso]
er ist (so)eben angekommen

per adesso [per a'desso]
vorläufig

adottare [adot'ta:re]
ergreifen *(Maßnahmen)*; adoptieren

adulto, a [a'dulto, -a]
erwachsen

l'adulto [a'dulto] *m*
Erwachsene *m*

aereo, a [a'ɛ:reo, -a]
Luft-

per via aerea [per 'vi:a a'ɛ:rea]
mit Luftpost

l'aereo [a'ɛ:reo] *m*
Flugzeug *n*

prendere l'aereo
['prɛndere la'ɛ:reo]
mit dem Flugzeug reisen, fliegen

l'aereo decolla/atterra
[la'ɛ:reo de'kolla/at'tɛrra]
das Flugzeug startet/landet

l'aeroporto [aero'pɔrto] *m*
Flughafen *m*

l'affare [af'fa:re] *m*
Geschäft *n*; Angelegenheit *f*

uomo d'affari ['ụɔ:mo daf'fa:ri]
Geschäftsmann *m*

non è affar mio/tuo
[no'nɛ af'far 'mi:o/'tu:o]
das ist nicht meine/deine Sache

fare un buon affare
['fa:re um 'bụon af'fa:re]
ein gutes Geschäft machen

affatto [af'fatto]
tatsächlich; durchaus, ganz und gar

niente affatto ['nịɛnte af'fatto]
durchaus nicht, keineswegs

non è affatto vero es ist überhaupt nicht wahr
[no'nɛ af'fatto 've:ro]

non ci ho pensato affatto ich habe gar nicht daran
[non tʃi ɔ ppen'sa:to af'fatto] gedacht

affermare [affer'ma:re] behaupten, bejahen

l'affetto [af'fɛtto] *m* Gefühl *n*; Zuneigung *f*
con affetto [kon af'fɛtto] herzlich

affettuoso, a [affettu'o:so, -a] freundlich, herzlich
saluti affettuosi herzliche Grüße
[sa'lu:ti affettu'o:si]

affinché [affiŋ'ke] damit
affinché venga damit er kommt
[affiŋ'ke v'vɛŋga]

affittare [affit'ta:re] mieten, vermieten; pachten,
  verpachten

camere da affitare Zimmer zu vermieten
['ka:mere da affit'ta:re]

l'affitto [af'fitto] *m* Miete *f*; Pacht *f*
prendere in affitto mieten; pachten
['prɛndere in af'fitto]

affrettarsi (a fare qc) sich beeilen (etw zu tun)
[affret'tarsi (a f'fa:re ...)]

l'agente [a'dʒɛnte] *m* Vertreter *m*; Agent *m*
l'agente di polizia Polizeibeamte *m*
[la'dʒɛnte di polit'tsi:a]

l'agenzia [adʒen'tsi:a] *f* Agentur *f*; Zweigstelle *f*; Büro *n*
l'agenzia di viaggi Reisebüro *n*
[ladʒen'tsi:a di vi'addʒi]

l'agio ['a:dʒo] *m* Wohlbehagen *n*, Bequemlich-
  keit *f*

sentirsi a suo agio sich wohl fühlen
[sen'tirsi a s'su:o 'a:dʒo]

agire [a'dʒi:re] handeln; wirken *(Arznei)*
modo d'agire Handlungsweise *f*
['mɔ:do da'dʒi:re]

agire contro qn gegen jdn Klage führen
[a'dʒi:re 'kontro ...]

agitare [adʒi'ta:re] aufregen; schütteln

agosto [a'gosto] *m* August *m*
in agosto [in a'gosto] im August
il primo agosto der erste/am ersten August
[il 'pri:mo a'gosto]
il due agosto der zweite/am zweiten August
[il 'du:e a'gosto]

ai primi di agosto — Anfang August
['a:i 'pri:mi di a'gosto]

a metà agosto — Mitte August
[a mme'ta a'gosto]

a fine agosto — Ende August
[a f'fi:ne a'gosto]

l'agricoltura [agrikol'tu:ra] *f* — Landwirtschaft *f*

ah! [a] — ach!

aiutare qn (a fare qc) — jdm helfen (etw zu tun)
[aiu'ta:re … (a f'fa:re …)]

l'aiuto [a'iu:to] *m* — Hilfe *f*, Beistand *m*

con l'aiuto di qn — mit jds Hilfe
[kon la'iu:to di …]

accorrere in aiuto di qn — jdm zu Hilfe eilen
[ak'korrere in a'iu:to di …]

l'ala *f, pl* le ali ['a:la, -i] — Flügel *m*

l'albergo *m, pl* gli alberghi — Hotel *n*
[al'bɛrgo, -i]

l'albero ['albero] *m* — Baum *m*

alcuno, a [al'ku:no, -a] — irgendeine(r, s), jemand

alcuni amici [al'ku:ni a'mi:tʃi] — einige Freunde

gli alimentari [alimen'ta:ri] *m pl* — Lebensmittel *n pl*

negozio di (generi) alimentari — Lebensmittelgeschäft *n*
[ne'gottsio di ('dʒɛ:neri)
alimen'ta:ri]

allarmare [allar'ma:re] — alarmieren

allarmarsi [allar'marsi] — sich beunruhigen

allegare [alle'ga:re] — beilegen, beifügen

allegò una foto — er legte ein Foto bei
[alle'gɔ 'u:na 'fo:to]

allegro, a [al'le:gro, -a] — lustig, heiter

allevare [alle'va:re] — aufziehen; züchten *(Tiere)*

l'allievo [al'liɛ:vo] *m* — Schüler *m*

allontanare [allonta'na:re] — entfernen

allontanarsi — sich entfernen
[allonta'narsi]

allora [al'lo:ra] — dann, also; damals

d'allora in poi — von dem Zeitpunkt an, seitdem
[dal'lo:ra im 'pɔ:i]

fin d'allora [fin dal'lo:ra] — seitdem, seit der Zeit

era uscito allora — er war gerade ausgegangen
['ɛ:ra uʃ'ʃi:to al'lo:ra]

allorché [allor'ke] — als, wenn

almeno [al'me:no] — wenigstens, mindestens

alto, a ['alto, -a]   hoch; groß; laut
  a voce alta, ad alta voce   mit lauter Stimme
  [a v'vo:tʃe 'alta, a'dalta 'vo:tʃe]
  è alto venti metri   es ist 20 m hoch
  ['ɛ 'alto 'venti 'mɛ:tri]
  non è molto alto   er ist nicht sehr groß *(Person)*
  [no'nɛ m'molto 'alto]
  dall'alto [dal'lalto]   von oben
  l'Alta Italia ['lalta i'ta:lia]   Ober-, Norditalien
  un alto funzionario   ein hoher Beamter
  [u'nalto funtsio'na:rio]
altrettanto [altret'tanto]   gleich-, ebenfalls
altrimenti [altri'menti]   sonst, andernfalls
altro, a ['altro, -a]   andere(r, s), weitere(r, s)
  un' altra cosa [u'naltra 'kɔ:sa]   etwas anderes
  l'un l'altro [lun 'laltro]   gegenseitig
  nient'altro [niɛn'taltro]   nichts anderes
  tra l'altro [tra l'laltro]   unter anderem
  noi altri Italiani   wir Italiener
  ['no:i 'altri ita'lia:ni]
  l'altr'anno [lal'tranno]   voriges Jahr
  l'altro giorno ['laltro 'dʒorno]   neulich
  un altro po'/poco   noch ein wenig
  [u'naltro 'pɔ/'pɔ:ko]
  tutt'altro! [tut'taltro]   im Gegenteil!, keineswegs!
  l'un dopo l'altro   der Reihe nach, einer nach
  [lun 'do:po 'laltro]   dem anderen
  altro che! ['altro 'ke]   und wie!, und ob!
altrove [al'tro:ve]   anderswo(hin)
alzarsi [al'tsarsi]   aufstehen, sich erheben
amabile [a'ma:bile]   liebenswürdig; lieblich; mild
amare [a'ma:re]   lieben
l'amarezza [ama'rettsa] *f*   Bitterkeit *f*
amaro, a [a'ma:ro, -a]   bitter; unangenehm
l'ambiente [am'biɛnte] *m*   Umgebung *f*; Milieu *n*; Um-
         welt *f*
l'amicizia [ami'tʃittsia] *f*   Freundschaft *f*
  fare amicizia con qn   mit jdm Freundschaft schlie-
  ['fa:re ami'tʃittsia kon …]   ßen
l'amico *m*, *pl* gli amici   Freund *m*
  [a'mi:ko, -tʃi]
  un mio amico   ein Freund von mir
  [um 'mi:o a'mi:ko]
  tra amici [tra a'mi:tʃi]   unter Freunden

ammettere (ammesso)   zulassen; zugeben, einräumen
[am'mettere (am'messo)]
ammesso che [am'messo ke]   angenommen, daß
ammesso all'esame   zur Prüfung zugelassen
[am'messo alle'za:me]
l'amministrazione   Verwaltung *f*, Leitung *f*
[amministrat'tsio:ne] *f*
ammirare [ammi'ra:re]   bewundern
l'ammirazione   Bewunderung *f*
[ammirat'tsio:ne] *f*
l'amore [a'mo:re] *m*   Liebe *f*
per amore [per a'mo:re]   aus Liebe
per amor tuo [per a'mo:r 'tu:o]   dir zuliebe
anche ['aŋke]   auch
neanche [ne'aŋke]   nicht einmal
ancora [aŋ'ko:ra]   noch; außerdem
non ancora [non aŋ'ko:ra]   noch nicht
ancora una volta   noch einmal
[aŋ'ko:ra 'u:na 'vɔlta]
ancora un po'   noch ein wenig
[aŋ'ko:ra um 'pɔ]
Lucia è malata. – Ancora?   Lucia ist krank. – Immer noch?
[lu'tʃi:a 'ɛ mma'la:ta – aŋ'ko:ra]
Pietro vuole soldi. – Ancora?   Pietro will Geld. – Schon wieder?
['piɛ:tro 'vuɔ:le 'sɔldi – aŋ'ko:ra]
andare [an'da:re]   gehen; fahren; reisen
andare a Roma   nach Rom fahren
[an'da:re a r'ro:ma]
andare in Italia   nach Italien fahren
[an'da:re in i'ta:lia]
andare a teatro   ins Theater gehen
[an'da:re a tte'a:tro]
andare a scuola   zur Schule gehen
[an'da:re a s'kuɔ:la]
andare al cinema   ins Kino gehen
[an'da:re al 'tʃi:nema]
andare a prendere qn/qc   jdn/etw (ab)holen
[an'da:re a p'prɛndere …]
andare a trovare qn   jdn besuchen
[an'da:re a ttro'va:re …]
andiamo avanti!   gehen/machen wir weiter!
[an'dia:mo a'vanti]
non mi va [nom mi 'va]   es paßt/steht/gefällt/schmeckt mir nicht

come va? ['ko:me v'va]   wie geht's?

andrà tutto bene   das wird schon gut gehen
[an'dra t'tutto 'bɛ:ne]

andarsene [an'darsene]   weggehen

me ne vado [me ne 'va:do]   ich gehe fort

l'andata [an'da:ta] *f*   Hinfahrt *f*

all'andata [allan'da:ta]   auf der Hinfahrt

andata e ritorno   Hin- und Rückfahrt
[an'da:ta e rri'torno]

l'angolo ['aŋgolo] *m*   Ecke *f*; Winkel *m*; Kante *f*

all'angolo della strada   an der (Straßen-)Ecke
[al'laŋgolo 'della s'tra:da]

girare/voltare all'angolo   um die Ecke biegen
[dʒi'ra:re/vol'ta:re al'laŋgolo]

l'anima ['a:nima] *f*   Seele *f*; Geist *m*

non c'era anima viva   es war niemand da
[non 'tʃɛ:ra 'a:nima 'vi:va]

animale [ani'ma:le]   tierisch

l'animale [ani'ma:le] *m*   Tier *n*

l'annata [an'na:ta] *f*   Jahr *n*, Jahrgang *m*; Saison *f*

l'anno ['anno] *m*   Jahr *n*

due volte all' anno   zweimal im Jahr
['du:e 'volte al'lanno]

nell'anno/nel 1965   im Jahre 1965
[nel'lanno/nel …]

quanti anni hai?   wie alt bist du?
['kuanti 'anni 'a:i]

ho trentacinque anni   ich bin 35 Jahre alt
['ɔ ttrenta'tʃiŋkue 'anni]

fino a vent'anni   bis zum 20. Lebensjahr
['fi:no a vven'tanni]

ogni anno [oɲ'ɲanno]   jedes Jahr

tutti gli anni ['tutti ʎ'ʎanni]   jedes Jahr

molti anni fa ['molti 'anni 'fa]   vor vielen Jahren

l'anno prossimo/scorso   nächstes/letztes Jahr
['lanno 'prɔssimo/s'korso]

annoiare [anno'ia:re]   langweilen; belästigen

annoiarsi [anno'iarsi]   sich langweilen

annunciare [annun'tʃar:e]   ankündigen; melden

l'anticipo [an'ti:tʃipo] *m*   Vorschuß *m*; Vorsprung *m*

in anticipo [in an'ti:tʃipo]   im voraus

antico, a [an'ti:ko, -a]   alt; antik

anticamente   früher, in alter Zeit
[antika'mente] *adv*

l'antipasto [anti'pasto] *m* — Vorspeise *f*

anzi ['antsi] — vielmehr; sogar

anzitutto [antsi'tutto] — vor allem

aperto, a [a'pɛrto, -a] — geöffnet, offen

all'aperto [alla'pɛrto] — im Freien

l'apparecchio *m, pl* gli apparecchi [appa'rekkio, -i] — Apparat *m*, Gerät *n*; Flugzeug *n*

l'apparenza [appa'rɛntsa] *f* — Aussehen *n*; Anschein *m*

in apparenza [in appa'rɛntsa] — scheinbar

l'appartamento [apparta'mento] *m* — Wohnung *f*

un appartamento di cinque vani [un apparta'mento di 'tʃiŋkue 'va:ni] — eine Fünf-Zimmer-Wohnung

un appartamento ammobiliato [un apparta'mento ammobi'lia:to] — eine möblierte Wohnung

appartenere (a) [apparte'ne:re (a)] — gehören (zu)

l'appello [ap'pɛllo] *m* — Ruf *m*; Appell *m*

appena [ap'pe:na] *adv/conj* — kaum; eben (erst); sobald

appena oggi [ap'pe:na 'ɔddʒi] — erst heute

sono appena arrivato ['so:no ap'pe:na arri'va:to] — ich bin eben angekommen

non appena posso [non ap'pe:na 'pɔsso] — sobald ich kann

appena lo vedo, glielo dico [ap'pe:na lo 've:do, 'ʎe:lo 'di:ko] — wenn ich ihn sehe, sage ich es ihm

l'appetito [appe'ti:to] *m* — Appetit *m*

buon appetito! ['buɔn appe'ti:to] — guten Appetit!

applicare [appli'ka:re] — anwenden; anbringen

applicarsi [appli'karsi] — sich widmen

appoggiare (a, contro) [appod'dʒa:re (a, 'kontro)] — stützen, lehnen (an, gegen)

apposta [ap'pɔsta] — absichtlich; eigens

l'ha fatto apposta [la f'fatto ap'pɔsta] — er hat es absichtlich getan

siamo venuti apposta per lui ['sia:mo ve'nu:ti ap'pɔsta per 'lu:i] — wir sind eigens seinetwegen gekommen

apprendere (appreso) [ap'prɛndere (ap'pre:so)] — lernen; erfahren *(Nachricht)*

approfittare (di)
[approfit'ta:re (di)]
bisogna approfittare del bel tempo [bi'zoɲɲa approfit'ta:re del 'bɛl 'tɛmpo]
approfittò dell'occasione [approfit'tɔ ddelokka'zi̯o:ne]

ausnutzen; nützen
man muß das schöne Wetter ausnutzen
er nahm die Gelegenheit wahr

l'appuntamento
[appunta'mento] *m*
prendere un appuntamento ['prɛndere un appunta'mento]

Verabredung *f*
eine Verabredung treffen; einen Termin vereinbaren

aprile [a'pri:le] *m* (*cf* agosto)

April *m*

aprire (aperto)
[a'pri:re (a'pɛrto)]
la porta si aprì [la'pɔrta si a'pri]
a che ora si apre? [a kke 'o:ra si 'a:pre]

öffnen

die Tür ging auf

um wieviel Uhr wird geöffnet?

l'arancia [a'rantʃa] *f*

Apfelsine *f*

l'argento [ar'dʒɛnto] *m*
d'argento [dar'dʒɛnto]

Silber *n*
aus Silber; silbern

l'aria ['a:ri̯a] *f*
darsi l'aria di ['darsi 'la:ri̯a di]
darsi delle arie ['darsi 'delle 'a:ri̯e]
all'aria aperta [al'la:ri̯a a'pɛrta]
in linea d'aria [in 'li:nea 'da:ri̯a]
c'è qc in aria ['tʃɛ … i'na:ri̯a]
prendere aria ['prɛndere 'a:ri̯a]
far entrare aria ['far en'tra:re 'a:ri̯a]

Luft *f*; Miene *f*
sich den Anschein geben
sich wichtig machen

im Freien

(in der) Luftlinie
es liegt etw in der Luft
frische Luft schöpfen
frische Luft hereinlassen

l'arma *f*, *pl* le armi ['arma, -i]

Waffe *f*

l'armadio [ar'ma:di̯o] *m*

Schrank *m*

armare (di) [ar'ma:re (di)]

bewaffnen; ausrüsten (mit)

arrabbiarsi [arrab'bi̯arsi]
si arrabbia subito [si ar'rabbi̯a 'su:bito]

wütend werden
er wird gleich wütend

arrestare [arres'ta:re]
arrestarsi [arres'tarsi]

anhalten; verhaften
stehenbleiben

arrivare (a) [arri'va:re (a)]
sono arrivato in tempo ['so:no arri'va:to in 'tɛmpo]
non ci arrivò [non tʃi arri'vɔ]

ankommen; erreichen
ich bin rechtzeitig angekommen
es ist ihm nicht gelungen

non ci arrivo a capire/capirlo — ich kann es nicht verstehen
[non tʃi arˈriːvo a kkaˈpiːre/
kkaˈpirlo]

arrivederci [arriveˈdertʃi] — auf Wiedersehen

l'arrivo [arˈriːvo] *m* — Ankunft *f*

al mio/nostro arrivo — bei meiner/unserer Ankunft
[al ˈmiːo/ˈnɔstro arˈriːvo]

arrossire [arrosˈsiːre] — erröten, rot werden

l'arrosto [arˈrɔsto] *m* — Braten *m*

l'arte [ˈarte] *f* — Kunst *f*; Geschicklichkeit *f*;
　　　Handwerk *n*

ad arte [aˈdarte] — mit List; absichtlich

con arte [koˈnarte] — kunstgerecht, kunstvoll

l'articolo [arˈtiːkolo] *m* — Artikel *m*

l'articolo di fondo — Leitartikel *m*
[larˈtiːkolo di ˈfondo]

l'articolo di prima necessità — Bedarfsartikel *m*
[larˈtiːkolo di ˈpriːma netʃessiˈta]

l'artigiano [artiˈdʒaːno] *m* — Handwerker *m*

l'artista [arˈtista] *m, f* — Künstler *m*, Künstlerin *f*

l'ascensore [aʃʃenˈsoːre] *m* — Aufzug *m*

salire in ascensore — mit dem Aufzug (hinauf-)fah-
[saˈliːre in aʃʃenˈsoːre] — ren

l'asciugamano — Handtuch *n*
[aʃʃugaˈmaːno] *m*

asciugare [aʃʃuˈgaːre] — trocknen, abtrocknen

asciugarsi [aʃʃuˈgarsi] — sich abtrocknen

asciutto, a [aʃʃutto, -a] — trocken; herb *(Wein)*

ascoltare [askolˈtaːre] — anhören, zuhören; lauschen

ascolti! [asˈkolti] — passen Sie auf!

l'asino [ˈaːsino] *m* — Esel *m*

aspettare [aspetˈtaːre] — warten, erwarten

l'aspetto [asˈpɛtto] *m* — Aussehen *n*, Anblick *m*

sotto quest'aspetto — unter diesem Gesichtspunkt
[ˈsotto ˈku̯est asˈpɛtto]

assai [asˈsaːi] *adj/adv* — viel, sehr; genug, ziemlich

l'assegno [asˈseɲɲo] *m* — Scheck *m*; Zulage *f*

assegni familiari — Familienzulage *f*; Kindergeld *n*
[asˈseɲɲi famiˈliːari]

assicurare [assikuˈraːre] — sichern; versichern

l'assicurazione — Versicherung *f*
[assikuratˈtsi̯oːne] *f*

assistere (assistito) — helfen, beistehen; beiwohnen
[asˈsistere (assisˈtiːto)]

ho assistito allo spettacolo — ich habe die Vorstellung besucht
[ɔ assis'ti:to 'allo spet'ta:kolo]

l'associazione — Vereinigung *f*; Verein *m*; Verband *m*
[assot∫at'tsi̯o:ne] *f*

assoluto, a [asso'lu:to, a] — absolut, unbedingt; vollkommen

assolutamente — absolut, völlig
[assoluta'mente] *adv*

assumere (assunto) — übernehmen; einstellen *(Personal)*; antreten *(Amt)*
[as'su:mere (as'sunto)]

attaccare [attak'ka:re] — befestigen, ankleben; angreifen; anknüpfen *(Gespräch)*

attaccarsi con qn — mit jdm streiten
[attak'karsi kon ...]

l'attacco *m, pl* gli attacchi — Angriff *m*
[at'takko, -i]

attendere (atteso) — warten, erwarten
[at'tɛndere (at'te:so)]
si fa attendere (a lungo) — er läßt (lange) auf sich warten
[si 'fa at'tɛndere (a l'luŋgo)]

attento, a [at'tɛnto, -a] — aufmerksam; rücksichtsvoll
attentamente — aufmerksam
[attenta'mente] *adv*
stare attento a qc/qn — auf etw/jdn aufpassen, achtgeben; sich in acht nehmen vor etw/jdm
['sta:re at'tɛnto a ...]

l'attenzione [atten'tsi̯o:ne] *f* — Aufmerksamkeit *f*; Vorsicht *f*
fare attenzione a qn/qc — auf jdn/etw achtgeben
['fa:re atten'tsi̯o:ne a ...]

l'attesa [at'te:sa] *f* — Warten *n*; Erwartung *f*

l'attimo ['attimo] *m* — Augenblick *m*
in un attimo [in u'nattimo] — im Nu

attirare [atti'ra:re] — anziehen
attirare l'attenzione (su) — die Aufmerksamkeit lenken (auf)
[atti'ra:re latten'tsi̯one (su)]

l'attività [attivi'ta] *f inv* — Tätigkeit *f*; Aktivität *f*

attivo, a [at'ti:vo, -a] — aktiv; tätig; lebhaft
prendere parte attiva in una impresa ['prɛndere 'parte at'ti:va i'nu:na im'pre:sa] — sich aktiv an einem Unternehmen beteiligen

l'atto ['atto] *m* — Tat *f*; Urkunde *f*; Akt *m*
l'atto di nascita — Geburtsurkunde *f*
['atto di 'na∫∫ita]

l'atto di matrimonio	Heiratsurkunde *f*
['atto di matri'mɔ:nio]	
all'atto di [al'latto di]	bei
l'attore *m*, **l'attrice** *f*	Schauspieler *m*, Schauspiele-
[at'to:re, at'tri:tʃe]	rin *f*
attraversare [attraver'sa:re]	überqueren; durchfahren
attraversare la strada	die Straße überqueren
[attraver'sa:re la s'tra:da]	
attraverso [attra'vɛrso]	(quer) durch; mittels
attuale [attu'a:le]	aktuell; gegenwärtig
attualmente [attual'mente] *adv*	im Augenblick
augurare (qc a qn)	(jdm etw) wünschen
[augu'ra:re (... a ...)]	
augurarsi (di) [augu'rarsi (di)]	sich wünschen, erhoffen
l'augurio *m*, *pl* gli auguri	Glückwunsch *m*
[au'gu:rio, -i]	
aumentare (di)	erhöhen; zunehmen (um)
[aumen'ta:re (di)]	
i prezzi sono aumentati	die Preise sind gestiegen
[i 'prɛttsi 'so:no aumen'ta:ti]	
austriaco, a [aus'tri:ako, -a]	österreichisch
l'austriaco *m*, *pl* gli austriaci	Österreicher *m*
[aus'tri:ako, -tʃi]	
l'autista [au'tista] *m*	Fahrer *m*
l'autobus ['a:utobus] *m inv*	Autobus *m*
l'automobile, l'auto	Auto *n*
[auto'mɔ:bile, 'a:uto] *f*	
andare/viaggiare in auto	(mit dem) Auto fahren
[an'da:re/viad'dʒa:re i'na:uto]	
l'autore [au'to:re] *m*	Verfasser *m*, Schriftsteller *m*
l'autorità [autori'ta] *f inv*	Autorität *f*, Macht *f*;
	Behörde *f*
un uomo di grande autorità	ein Mann von großem Einfluß/
[u'nuɔ:mo di 'grande autori'ta]	Ansehen
l'autostrada [autos'tra:da] *f*	Autobahn *f*
l'autunno [au'tunno] *m*	Herbst *m*
in autunno [in au'tunno]	im Herbst
avanti [a'vanti] *prp/adv*	vor *(zeitlich)*; vorher; weiter
d'ora in avanti	von jetzt an
['do:ra in a'vanti]	
avanti! [a'vanti]	herein!
in avanti! [in a'vanti]	vorwärts!, los!
il mio orologio va avanti	meine Uhr geht vor
[il 'mi:o oro'lɔ:dʒo 'va a'vanti]	

avanzare [avan'tsa:re] — vorrücken; vorbringen (Vorschlag); einreichen (Antrag)

avanzarsi [avan'tsarsi] — näherkommen, sich nähern

avaro, a [a'va:ro, -a] — geizig

l'avaro [a'va:ro] m — Geizhals m

avere [a've:re] — haben, besitzen; bekommen

avere da fare qc [a've:re da f'fa:re …] — etw zu tun haben, tun müssen

ha vent'anni ['a vven'tanni] — er ist 20 Jahre alt

non so che cosa abbia [non 'sɔ kke k'kɔ:sa 'abbja] — ich weiß nicht, was er hat

non aveva soldi/denaro [non a've:va 'sɔldi/de'na:ro] — er hatte kein Geld

l'avvenimento [avveni'mento] — Ereignis n, Vorfall m

l'avvenire [avve'ni:re] m — Zukunft f

in avvenire [in avve'ni:re] — in (der) Zukunft

avvenire (avvenuto) [avve'ni:re (avve'nu:to)] — geschehen, sich ereignen

come avviene che ['ko:me av'vjɛ:ne ke] — wie kommt es, daß

l'avventura [avven'tu:ra] f — Abenteuer n; Erlebnis n

all'avventura [allaven'tu:ra] — aufs Geratewohl

per avventura [per aven'tu:ra] — zufällig

avvertire (di) [avver'ti:re (di)] — warnen (vor); benachrichtigen (von); aufmerksam machen (auf)

avvicinare [avvitʃi'na:re] — nähern

avvicinarsi [avvitʃi'narsi] — sich nähern

la primavera s'avvicina [la prima've:ra savvi'tʃi:na] — es wird Frühling

s'avvicini! [savvi'tʃi:ni] — treten Sie näher!

avvisare [avvi'za:re] — ankündigen; benachrichtigen; warnen

l'avviso [av'vi:zo] m — Bekanntmachung f; Benachrichtigung f; Meinung f

a mio avviso [a m'mi:o av'vi:zo] — meiner Meinung nach

non sono del Suo avviso [non 'so:no del 'su:o av'vi:zo] — ich bin nicht Ihrer Meinung

l'azione [at'tsio:ne] f — Handlung f; Aktie f

una buona/cattiva azione ['u:na 'buɔ:na/kat'ti:va at'tsio:ne] — eine gute/schlechte Tat

Società per Azioni (S.p.A.) [sotʃe'ta pper at'tsio:ni] — Aktiengesellschaft f

l'azzardo [ad'dzardo] *m* — Wagnis *n*
  il gioco d'azzardo — Glücksspiel *n*
  [il 'dʒo:ko dad'dzardo]
azzurro, a [ad'dzurro, -a] — blau
  azzurro chiaro/scuro — hell-/dunkelblau
  [ad'dzurro 'kia:ro/s'ku:ro]

B

baciare [ba'tʃa:re] — küssen
il bacio, *pl* **i baci** ['ba:tʃo, -i] — Kuß *m*
il bagaglio, *pl* **i bagagli** — Gepäck *n*
  [ba'gaʎʎo, -i]
  il bagaglio a mano — Handgepäck *n*
  [il ba'gaʎʎo a m'ma:no]
bagnare [baɲ'ɲa:re] — naß machen
  mi sono bagnato tutto — ich bin ganz naß geworden
  [mi 'so:no baɲ'ɲa:to 'tutto]
bagnato, a [baɲ'ɲa:to, -a] — naß, durchnäßt
il bagno ['baɲɲo] — Bad *n*; Badezimmer *n*
  fare il bagno ['fa:re il 'baɲɲo] — baden, ein Bad nehmen
il balcone [il bal'ko:ne] — Balkon *m*
ballare [bal'la:re] — tanzen
il ballo ['ballo] — Tanz *m*, Ball *m*
  essere in ballo — auf dem Spiel stehen
  ['ɛssere im 'ballo]
  mettere in ballo qc — etw aufs Tapet bringen
  ['mettere im 'ballo ...]
il bambino, la bambina — Kind *n*
  [bam'bi:no, -a]
  fin da bambino/bambina — von Kind an
  ['fin da bbam'bi:no/-a]
la banca, *pl* **le banche** — Bank *f (Geldinstitut)*
  ['baŋka, -e]
  in banca [im 'baŋka] — auf die/der Bank
la banconota [baŋko'nɔ:ta] — Banknote *f*
la bandiera [ban'diɛ:ra] — Fahne *f*, Flagge *f*
il bar [bar] *inv* — Café *n*
la barba ['barba] — Bart *m*
  farsi la barba ['farsi la 'barba] — sich rasieren
il barbiere [bar'biɛ:re] — Friseur *m*

la barca, *pl* le barche
['barka, -e]

Boot *n*

la base ['ba:ze]

Grundlage *f*; Basis *f*

basso, a ['basso, -a]

niedrig; tief; gemein; leise

ad occhi bassi [a'dɔkki 'bassi]

mit niedergeschlagenen Augen

a bassa voce [a b'bassa 'vo:tʃe]

mit leiser Stimme

in basso, da basso
[im 'basso, da b'basso]

unten

bastare [bas'ta:re]

genügen, ausreichen

basta! ['basta]

genug!, Schluß damit!

basta così! ['basta ko'si]

das genügt!

mi basta [mi 'basta]

es genügt mir

il bastone [bas'to:ne]

Stock *m*; Stütze *f*

la battaglia [bat'taʎʎa]

Schlacht *f*, Kampf *m*

la battaglia di Pavia
[la bat'taʎʎa di pa'vi:a]

die Schlacht bei Pavia

il battello [bat'tɛllo]

Schiff *n*; Boot *n*

prendere il battello
['prɛndere il bat'tɛllo]

mit dem Schiff fahren

battere ['battere]

schlagen; besiegen; klopfen

battere le mani
['battere le 'ma:ni]

in die Hände klatschen

battersi ['battersi]

sich bekämpfen; sich schlagen

la bellezza [bel'lettsa]

Schönheit *f*

la bellezza di cento marchi
[la bel'lettsa di 'tʃɛnto 'marki]

die Kleinigkeit von 100 Mark

è una bellezza sentirlo cantare [ɛ 'u:na bel'lettsa sen'tirlo kan'ta:re]

es ist eine Freude, ihn singen zu hören

bello, a ['bɛllo, -a]

schön

fa bel tempo ['fa b'bɛl 'tɛmpo]

es ist schönes Wetter

questa è bella!
['kuesta ɛ b'bɛlla]

das ist die Höhe!

bell'e fatto ['bɛll e f'fatto]

fix und fertig

sul più bello [sul piu b'bɛllo]

mitten drin; im schönsten Augenblick

hai un bel dire!
['a:i um 'bɛl 'di:re]

du hast gut reden!

benché [beŋ'ke]

obwohl

bene ['bɛ:ne] *adv*

gut; richtig, recht

stia bene! ['sti:a 'bɛ:ne]

leben Sie wohl!

non sa bene [non 'sa b'bɛ:ne]

er weiß nicht recht

ti sta tanto bene!   das steht/paßt dir sehr gut!
[ti s'ta t'tanto 'bɛ:ne]

il bene ['bɛ:ne]   Gut *n*; Wohl *n*; Vorteil *m*
i beni [i 'bɛ:ni]   Vermögen *n*; Güter *n pl*
per il tuo bene   zu deinem Besten
[per il 'tu:o 'bɛ:ne]
fare del bene (a qn)   (jdm) Gutes tun
['fa:re del 'bɛ:ne (a …)]

la benzina [ben'dzi:na]   Benzin *n*
bere (bevuto)   trinken
['be:re (be'vu:to)]
la bestia ['bestia]   Tier *n*; Vieh *n*; Dummkopf *m*
la bevanda [be'vanda]   Getränk *n*
la biancheria [biaŋke'ri:a]   Wäsche *f*
la biancheria intima   Unterwäsche *f*
[la biaŋke'ri:a 'intima]
bianco, a, *pl* bianchi, bianche   weiß
['biaŋko, -a, -i, -e]
in bianco e nero   schwarzweiß
[im 'biaŋko e n'ne:ro]
il bicchiere [bik'kjɛ:re]   Glas *n*
un bicchiere di vino   ein Glas Wein
[um bik'kjɛ:re di 'vi:no]
un bicchiere da vino   ein Weinglas
[um bik'kjɛ:re da v'vi:no]
la bicicletta [bitʃi'kletta]   Fahrrad *n*
andare in bicicletta   radfahren
[an'da:re im bitʃi'kletta]
il bigliettaio, *pl* i bigliettai   Schaffner *m*
[biʎʎet'ta:io, -i]
il biglietto [biʎ'ʎetto]   Fahrkarte *f*; Eintrittskarte *f*;
   (Geld-)Schein *m*
cento biglietti da mille Lire   100 Scheine zu 1000 Lire
['tʃɛnto biʎ'ʎetti da m'mille
'li:re]
il biglietto da visita   Visitenkarte *f*
[il biʎ'ʎetto da v'vi:zita]
biglietto di andata e ritorno   Rückfahrkarte *f*
[biʎ'ʎetto di an'da:ta e rri'torno]
il binario, *pl* i binari [bi'na:rio, -i]   Gleis *n*
biondo, a ['biondo, -a]   blond
la birra ['birra]   Bier *n*
la birra in bottiglia   Flaschenbier *n*
[la 'birra im bot'tiʎʎa]

la birra alla spina   Faßbier *n*
[la 'birra 'alla s'pi:na]

bisognare [bizoɲ'ɲa:re]   nötig sein; müssen; brauchen
bisogna lavorare   man muß arbeiten
[bi'zoɲɲa lavo'ra:re]

il bisogno [bi'zoɲɲo]   Bedarf *m*; Not *f*; Bedürfnis *n*
non abbiamo bisogno di nulla   wir brauchen nichts
[non ab'bia:mo bi'zoɲɲo di 'nulla]
aver bisogno di qc/qn   etw/jdn brauchen
[a'ver bi'zoɲɲo di ...]
in caso di bisogno   im Notfall
[iɲ 'ka:zo di bi'zoɲɲo]
che bisogno c'era di dir-   wozu hat man ihm das gesagt?
glielo?
[ke bbi'zoɲɲo 'tʃɛ:ra di 'dirʎelo]

blu [blu] *inv*   blau
blu chiaro/scuro   hell-/dunkelblau
['blu k'kia:ro/s'ku:ro]

la bocca, *pl* **le bocche**   Mund *m*
['bokka, -e]

bollire [bol'li:re]   sieden, kochen
l'acqua bolle ['lakkụa 'bolle]   das Wasser kocht
fare bollire il latte   die Milch kochen
['fa:re bol'li:re il 'latte]

il bordo ['bordo]   Rand *m*; Ufer *n*; Küste *f*
salire/montare a bordo   an Bord gehen
[sa'li:re/mon'ta:re a b'bordo]

borghese [bor'ge:se]   bürgerlich
in borghese [im bor'ge:se]   in Zivil
il/la borghese [bor'ge:se]   Bürger *m*, Bürgerin *f*

la borsa ['borsa]   Beutel *m*; Handtasche *f*;
    Börse *f*
la borsa della spesa   Einkaufstasche *f*
[la 'borsa 'della 'spe:sa]
la borsa di studio   Stipendium *n*
[la 'borsa di s'tu:dịo]

il bosco, *pl* **i boschi**   Wald *m*, Forst *m*
['bɔsko, -i]

la bottiglia [bot'tiʎʎa]   Flasche *f*
una bottiglia di vino   eine Flasche Wein
['u:na bot'tiʎʎa di 'vi:no]
una bottiglia da vino   eine Weinflasche
['u:na bot'tiʎʎa da v'vi:no]

il bottone [bot'to:ne] — Knopf *m*; Knospe *f*
  girare il bottone — einschalten
  [dʒi'ra:re il bot'to:ne]
il braccio, *pl* i bracci, — Arm *m*
  le braccia ['brattʃo, -i, -a]
  i bracci di un fiume — Flußarme *m pl*
  [i 'brattʃi di un 'fiu:me]
  in braccio [im 'brattʃo] — auf dem/den Arm
  a braccia aperte — mit offenen Armen
  [a b'brattʃa a'pɛrte]
bravo, a ['bra:vo, -a] — tüchtig; brav, artig
  sei stato bravo! — du hast es gut gemacht!
  ['sɛi s'ta:to 'bra:vo]
breve ['brɛ:ve] — kurz *(Zeit)*
  brevemente [breve'mente] *adv* — kurz, in Kürze
il brodo ['brɔ:do] — Bouillon *f*
bruciare [bru'tʃa:re] — brennen; verbrennen
bruno, a ['bru:no, -a] — braun, dunkel; brünett
brutto, a ['brutto, -a] — häßlich; schlecht
la buca, *pl* le buche — Grube *f*; Höhle *f*
  ['bu:ka, -e]
  la buca delle lettere — Briefkasten *m*
  [la 'bu:ka 'delle 'lɛttere]
buio, a ['bu:i̯o, -a] — dunkel, finster
buono, a ['bu̯ɔ:no, -a] — gut
  buon giorno ['bu̯ɔn 'dʒorno] — guten Morgen/Tag
  buona sera ['bu̯ɔ:na 'se:ra] — guten Abend
  buona notte ['bu̯ɔ:na 'nɔtte] — gute Nacht
  di buon mattino — früh morgens
  [di 'bu̯ɔm mat'ti:no]
  a buon mercato — billig, preiswert
  [a b'bu̯ɔm mer'ka:to]
  alla buona ['alla 'bu̯ɔ:na] — schlicht, einfach
  con le buone — auf gütlichem Wege
  [kon le 'bu̯ɔ:ne]
  buona fortuna! — viel Glück!
  ['bu̯ɔ:na for'tu:na]
  essere buono a qc — zu etw geeignet sein
  ['ɛssere 'bu̯ɔ:no a …]
il buono ['bu̯ɔ:no] — Gutschein *m*, Bon *m*
  buono di benzina — Benzingutschein *m*
  ['bu̯ɔ:no di ben'dzi:na]
burlare [bur'la:re] — verspotten
  burlarsi di qn [bur'larsi di …] — sich über jdn lustig machen

il burro ['burro]   Butter *f*
  pane col burro   Butterbrot *n*
  ['pa:ne kol 'burro]
  al burro [al 'burro]   mit Butter angerichtet/
                                            gekocht

bussare [bus'sa:re]   klopfen; anklopfen
  bussano, hanno bussato   es klopft
  ['bussano, 'anno bus'sa:to]
la busta (da lettera)   (Brief-)Umschlag *m*
  ['busta (da l'Iɛttera)]
buttare [but'ta:re]   werfen; schütten
  buttare via   wegwerfen
  [but'ta:re 'vi:a]

C

la cabina [ka'bi:na]   Kabine *f*
  la cabina telefonica   Telefonzelle *f*
  [la ka'bi:na tele'fɔ:nika]
la caccia ['kattʃa]   Jagd *f*
  andare a caccia   auf die Jagd gehen
  [an'da:re a k'kattʃa]
  andare a caccia di qc   auf etw aus sein
  [an'da:re a k'kattʃa di ...]
  dare la caccia a qn   jdn verfolgen
  ['da:re la 'kattʃa a ...]
cacciare [kat'tʃa:re]   jagen
  cacciare un grido   einen Schrei ausstoßen
  [kat'tʃa:re uɲ 'gri:do]
  cacciare via qn   jdn hinauswerfen
  [kat'tʃa:re 'vi:a ...]
cadere [ka'de:re]   fallen, stürzen
  cadere malato   krank werden, erkranken
  [ka'de:re ma'la:to]
  cadere di domenica   auf einen Sonntag fallen
  [ka'de:re di do'me:nika]
la caduta [ka'du:ta]   Fall *m*, Sturz *m*
  caduta (di) massi/sassi   Steinschlag *m*
  [ka'du:ta (di) 'massi/'sassi]
  caduta dei capelli   Haarausfall *m*
  [ka'du:ta 'de:i ka'pelli]

il caffè [kaf'fɛ] *inv* — Kaffee *m*; Café *n*
 prendere/bere un caffè — (einen) Kaffee trinken
 ['prɛndere/'be:re uŋ kaf'fɛ]
il caffellatte [il kaffel'latte] — Milchkaffee *m*
il calcio, *pl* i calci ['kaltʃo, -i] — Fußtritt *m*; Fußball *m* (*Spiel*)
 una partita di calcio — ein Fußballspiel
 ['u:na par'ti:ta di 'kaltʃo]
 prendere qn a calci — jdm Fußtritte versetzen
 ['prɛndere ... a k'kaltʃi]
la caldaia [kal'da:ia] — Kessel *m*
 caldaia a vapore — Dampfkessel *m*
 [kal'da:ia a vva'po:re]
caldo, a ['kaldo, -a] — warm
 molto caldo ['molto 'kaldo] — heiß
 una testa calda — ein Hitzkopf
 ['u:na 'tɛsta 'kalda]
 sento caldo, ho caldo — mir ist warm
 ['sɛnto 'kaldo, ɔ k'kaldo]
 fa caldo ['fa k'kaldo] — es ist warm (*Wetter*)
il caldo ['kaldo] — Wärme *f*, Hitze *f*
 con questo caldo — bei dieser Hitze
 [koŋ 'kuesto 'kaldo]
 morire di/dal caldo — vor Hitze vergehen
 [mo'ri:re di/dal 'kaldo]
la calma ['kalma] — Ruhe *f*, Stille *f*
calmare [kal'ma:re] — beruhigen, besänftigen
 calmare la fame — den Hunger stillen
 [kal'ma:re la 'fa:me]
 calmare il dolore — den Schmerz stillen
 [kal'ma:re il do'lo:re]
 il vento si calma — der Wind legt sich
 [il 'vɛnto si 'kalma]
calmo, a ['kalmo, -a] — ruhig, still; gelassen
il calore [ka'lo:re] — Wärme *f*, Hitze *f*; Eifer *m*
la calza ['kaltsa] — Strumpf *m*
 mettersi/levarsi le calze — seine Strümpfe an-/ausziehen
 ['mettersi/le'varsi le 'kaltse]
il calzolaio, *pl* i calzolai — Schuster *m*
 [kaltso'la:io, -i]
i calzoni [kal'tso:ni] — Hose *f*
il cambiamento — Änderung *f*, Veränderung *f*;
 [kambia'mento] — Wechsel *m*
cambiare [kam'bia:re] — wechseln; verändern; umtauschen; sich ändern

cambiare colore [kam'bia:re ko'lo:re]	sich verfärben
cambiare treno [kam'bia:re 'trɛ:no]	umsteigen
cambiare velocità [kam'bia:re velotʃi'ta]	schalten *(Auto)*
cambiarsi di vestito [kam'biarsi di ves'ti:to]	sich umziehen
cambiare casa [kam'bia:re 'ka:sa]	umziehen
tutto è cambiato ['tutto ɛ kkam'bia:to]	alles hat sich geändert
la cosa non cambia [la 'kɔ:sa non 'kambia]	das ändert nichts an der Sache
per cambiare [per kam'bia:re]	zur Abwechslung
il cambio, *pl* i cambi ['kambio, -i]	Kurs *m (Valuta)*
al cambio di [al 'kambio di]	zum Kurs von
la camera ['ka:mera]	Zimmer *n*; Schlafzimmer *n*
la camera da letto [la 'ka:mera da l'lɛtto]	Schlafzimmer *n*
la camera da bagno [la 'ka:mera da b'baɲɲo]	Badezimmer *n*
fare la camera ['fa:re la 'ka:mera]	das Zimmer aufräumen
il cameriere [kame'riɛ:re]	Kellner *m*
la camicetta [kami'tʃetta]	Bluse *f*
la camicia [ka'mi:tʃa]	Hemd *n*
camicia da notte [ka'mi:tʃa da n'nɔtte]	Nachthemd *n*
il camino [ka'mi:no]	Kamin *m*; Schornstein *m*
il camion ['ka:mion] *inv*	Lastwagen *m*
camminare [kammi'na:re]	gehen, wandern
il cammino [kam'mi:no]	Weg *m*; Straße *f*
mettersi in cammino ['mettersi in kam'mi:no]	sich auf den Weg machen, aufbrechen
la campagna [kam'paɲɲa]	Land *n*; Feldzug *m*
in campagna [in kam'paɲɲa]	aufs Land; auf dem Land
il campanello [kampa'nɛllo]	(kleine) Glocke *f*, Klingel *f*
suonare il campanello [suo'na:re il kampa'nɛllo]	klingeln, läuten
il campione [kam'pio:ne]	Meister *m (Sport)*; Muster *n*
campione senza valore [kam'pio:ne 'sɛntsa va'lo:re]	Muster ohne Wert *n*

il campo ['kampo] — Feld *n*, Acker *m*; Gebiet *n*
  il campo sportivo — Sportplatz *m*
  [il 'kampo spor'ti:vo]
cancellare [kantʃel'la:re] — auslöschen; löschen; absagen
il cane, la cagna — Hund *m*, Hündin *f*
  ['ka:ne, 'kaɲɲa]
  cane da caccia — Jagdhund *m*
  ['ka:ne da k'kattʃa]
cantare [kan'ta:re] — singen
il cantiere [kan'tiɛ:re] — Baustelle *f*
la cantina [kan'ti:na] — (Wein-)Keller *m*
il canto ['kanto] — Gesang *m*, Lied *n*; Winkel *m*, Ecke *f*

  d'altro canto ['daltro 'kanto] — andererseits
la canzone [kan'tso:ne] — Lied *n*
  canzone popolare — Volkslied *n*
  [kan'tso:ne popo'la:re]
  canzonetta [kantso'netta] — Schlager *m*
capace (di) [ka'pa:tʃe (di)] — imstande, fähig (zu)
  capace di resistere — widerstandsfähig
  [ka'pa:tʃe di re'sistere]
il capello [ka'pello] — Haar *n*
  farsi tagliare i capelli — sich das Haar schneiden lassen
  ['farsi taʎ'ʎa:re i ka'pelli]
  avere i capelli neri/biondi — schwarzes/blondes Haar haben
  [a've:re i ka'pelli 'ne:ri/'biondi]
capire [ka'pi:re] — verstehen, begreifen
  capisce l'italiano? — verstehen Sie Italienisch?
  [ka'piʃʃe lita'lia:no]
capitale [kapi'ta:le] — hauptsächlich
  pena capitale — Todesstrafe *f*
  ['pe:na kapi'ta:le]
il capitale [kapi'ta:le] — Kapital *n*
la capitale [kapi'ta:le] — Hauptstadt *f*
il capitano [kapi'ta:no] — Kapitän *m*; Hauptmann *m*
il capo ['ka:po] — Kopf *m*; Chef *m*
  il Capo dello Stato — Staatsoberhaupt *n*
  [il 'ka:po 'dello s'ta:to]
  da capo a piedi — von Kopf bis Fuß
  [da k'ka:po a p'piɛ:di]
  in capo al mondo — am Ende der Welt
  [iŋ 'ka:po al 'mondo]
  cominciare da capo — von vorn anfangen
  [komin'tʃa:re da k'ka:po]

il cappello [kap'pɛllo] Hut *m*
mettersi/togliersi il cappello den Hut aufsetzen/absetzen
['mettersi/'tɔʎʎersi il kap'pɛllo]

il cappotto [kap'pɔtto] Mantel *m*; Umhang *m*

il carattere [ka'rattere] Charakter *m*
ha un brutto carattere er hat einen schlechten Cha-
['a um 'brutto ka'rattere] rakter

caratteristico, a, *pl* caratte- charakteristisch, typisch
ristici, caratteristiche
[karatte'ristiko, -a, -tʃi, -ke]

il carbone [kar'bo:ne] Kohle *f*

la carica, *pl* le cariche Amt *n*, Stellung *f*; *(elektrische)*
['ka:rika, -e] Ladung *f*

caricare [kari'ka:re] laden, beladen; aufziehen
  (Uhr)

carico, a, *pl* carichi, cariche beladen, geladen
['ka:riko, -a, -i, -e]

il carico, *pl* i carichi Last *f*; Ladung *f*
['ka:riko, -i]

carino, a [ka'ri:no, -a] hübsch, reizend, nett

la carne ['karne] Fleisch *n*
la carne di vitello/maiale/ Kalb-/Schweine-/Rindfleisch *n*
manzo [la 'karne di vi'tɛllo/
ma'ia:le/'mandzo]

caro, a ['ka:ro, -a] lieb; teuer
costare caro [kos'ta:re 'ka:ro] teuer sein
pagare caro [pa'ga:re 'ka:ro] teuer bezahlen
vendere caro ['vendere 'ka:ro] teuer verkaufen
pagare cara una cosa eine Sache teuer bezahlen;
[pa'ga:re 'ka:ro 'u:na 'kɔ:sa] schwer büßen müssen

la carrozza [kar'rɔttsa] (Eisenbahn-)Wagen *m*

la carta ['karta] Papier *n*; (Land-)Karte *f*
le carte [le 'karte] Dokumente *n pl*; Papiere *n pl*
la carta carbone Kohlepapier *n*
[la 'karta kar'bo:ne]
carta d'identità Personalausweis *m*
['karta didenti'ta]

la casa ['ka:sa] Haus *n*, Heim *n*; Firma *f*
a casa [a k'ka:sa] nach Hause; zu Hause
in casa [iŋ 'ka:sa] im Haus
in casa della zia bei der Tante
[iŋ 'ka:sa 'della t'tsi:a]
sono a casa (mia) ich bin zu Hause
['so:no a k'ka:sa ('mi:a)]

la casalinga, *pl* le casalinghe   Hausfrau *f*
[kasa'liŋga, -e]
alla casalinga ['alla kasa'liŋga]   nach Hausmacherart
il caso ['ka:zo]   Fall *m*; Vorfall *m*; Zufall *m*
a caso [a k'ka:zo]   aufs Geratewohl
per caso [per 'ka:zo]   zufällig
in ogni caso [i'noɲɲi 'ka:zo]   auf jeden Fall
in nessun caso   auf keinen Fall
[in nes'sun 'ka:zo]
nel caso che [nel 'ka:zo ke]   falls
non è il caso di chiamare il   es ist nicht nötig, den Arzt zu
medico [no'nɛ il 'ka:zo di   rufen
kia'ma:re il 'mɛ:diko]
la cassa ['kassa]   Kiste *f*; Kasten *m*; Kasse *f*
cassa di risparmio   Sparkasse *f*
['kassa di ris'parmio]
cassa malattia   Krankenkasse *f*
['kassa malat'ti:a]
la casseruola [kasse'ruɔ:la]   Kasserolle *f*
il castello [kas'tɛllo]   Schloß *n*
cattivo, a [kat'ti:vo, -a]   schlecht, schlimm; böse
la causa ['ka:uza]   Grund *m*, Ursache *f*; Anlaß *m*;
    Gerichtsverfahren *n*
per causa tua [per 'ka:uza 'tu:a]   deinetwegen
a causa del cattivo tempo   wegen des schlechten Wetters
[a k'ka:uza del kat'ti:vo 'tɛmpo]
causare [kau'za:re]   verursachen
il cavallo [ka'vallo]   Pferd *n*
a cavallo [a k'kavallo]   zu Pferd
(una forza di) cento cavalli   hundert PS
[('u:na 'fɔrtsa di) 'tʃɛnto ka'valli]
cavare [ka'va:re]   herausnehmen; graben
cavare un dente   einen Zahn ziehen
[ka'va:re un 'dɛnte]
cedere ['tʃɛ:dere]   nachgeben; weichen; über-
    lassen
cedere il posto a qn   jdm seinen Platz überlassen
['tʃɛ:dere il 'posto a ...]
la cena ['tʃe:na]   Abendessen *n*
cenare [tʃe'na:re]   zu Abend essen
il centinaio, *pl* le centinaia   Hundert *n*
[tʃenti'na:io, -a]
un centinaio di (libri)   etwa hundert (Bücher)
[un tʃenti'na:io di ('li:bri)]

centinaia di persone	Hunderte von Menschen
[tʃenti'na:i̯a di per'so:ne]	
cento ['tʃɛnto]	hundert
centrale [tʃen'tra:le]	zentral, Zentral-
riscaldamento centrale	Zentralheizung *f*
[riskalda'mento tʃen'tra:le]	
l'America centrale	Mittelamerika
[la'mɛ:rika tʃen'tra:le]	
problema centrale	Hauptproblem *n*
[pro'blɛ:ma tʃen'tra:le]	
stazione centrale	Hauptbahnhof *m*
[stat'tsi̯o:ne tʃen'tra:le]	
la centrale [tʃen'tra:le]	Zentrale *f*
la centrale elettrica	Kraftwerk *n*
[la tʃen'tra:le e'lɛttrika]	
il centralino [tʃentra'li:no]	Telefonzentrale *f*, Fernmelde-amt *n*
il centro ['tʃɛntro]	Zentrum *n*; Mittelpunkt *m*, Mitte *f*
al centro [al 'tʃɛntro]	in der Mitte, im Zentrum
il centro della città	Stadtmitte *f*
[il 'tʃɛntro 'della tʃit'ta]	
un centro commerciale	Handelszentrum *n*; Einkaufs-zentrum *n*
[un 'tʃɛntro kommer'tʃa:le]	
cercare [tʃer'ka:re]	suchen; versuchen; streben (nach)
mandare a cercare qn	jdn holen lassen, nach jdm schicken
[man'da:re a ttʃer'ka:re ...]	
il cerchio, *pl* **i cerchi** ['tʃerki̯o, -i]	Kreis *m*; Ring *m*
il cerino [tʃe'ri:no]	Streichholz *n*
il certificato [tʃertifi'ka:to]	Bescheinigung *f*
un certificato medico	ärztliches Attest *n*
[un tʃertifi'ka:to 'mɛ:diko]	
certo, a ['tʃɛrto, -a]	gewiß; sicher, bestimmt
certamente [tʃerta'mente] *adv*	sicher, bestimmt
certamente, ma ...	allerdings, aber ...
[tʃerta'mente ma]	
certissimo [tʃer'tissimo]	ganz sicher
è certo che viene	er kommt gewiß
['ɛ t'tʃɛrto ke v'vi̯e:ne]	
cessare (qc, di + *inf*)	aufhören; beenden
[tʃes'sa:re]	
non cessa più di piovere	es regnet unaufhörlich
[non 'tʃɛssa pi̯u ddi 'pi̯o:vere]	

che [ke] *prn rel* — der/den, die, das, welche(r, s), was

ha di che vivere — er hat das Nötige zum Leben
['a ddi ke v'vi:vere]
che brutto! [ke b'brutto] — wie häßlich!
che bellezza! — was für eine Schönheit!
[ke bbel'lettsa]
che cosa? [ke k'kɔ:sa] — was?
che [ke] *conj* — daß; als *(nach Komparativ)*
chi [ki] *prn rel* — der, die, das; wer
chi cerca trova — wer sucht, wird finden
[ki t'ʃerka 'trɔ:va]
chi [ki] *prn int* — wer?, wen?
di chi è? [di ki 'ɛ] — wem gehört es?
chiamare [kia'ma:re] — rufen; nennen
chiamarsi [kia'marsi] — heißen, sich nennen
chiaro, a ['kia:ro, -a] — klar, hell; deutlich
chiaro e tondo — klipp und klar
['kia:ro e t'tondo]
di chiaro giorno — am hellen Tage
[di 'kia:ro 'dʒorno]
la chiave ['kia:ve] — Schlüssel *m*
chiudere a chiave — zuschließen
['kiu:dere a k'kia:ve]
chiedere (qc a qn) (chiesto) — fragen; bitten (jdn um etw); verlangen
['kiɛ:dere ('kiɛsto)]
mi chiedo [mi 'kiɛ:do] — ich frage mich
gli chiede perdono/scusa — er bittet ihn um Verzeihung
[ʎi 'kiɛ:de per'do:no/s'ku:za]
la chiesa ['kiɛ:za] — Kirche *f*
il chilogrammo, il chilo — Kilo(gramm) *n*
[kilo'grammo, 'ki:lo]
un chilo di burro — 1 kg Butter
[uŋ 'ki:lo di 'burro]
mezzo chilo di zucchero — 1 Pfund Zucker
['mɛddzo 'ki:lo di 'tsukkero]
un mezzo chilo di farina — etwa 500 gr Mehl
[um 'mɛddzo 'ki:lo di fa'ri:na]
il chilometro [ki'lɔ:metro] — Kilometer *m*
chissà [kis'sa] — wer weiß; vielleicht
chiudere (chiuso) — schließen
['kiu:dere ('kiu:so)]
chiudere un occhio — ein Auge zudrücken
['kiu:dere u'nɔkkio]

chiuso, a ['kiu:so, -a] — geschlossen, verschlossen
  a porte chiuse — hinter verschlossenen Türen
  [a p'porte 'kiu:se]
ciao! ['tʃa:o] — hallo!, tschüs!
  ciao, come stai? — hallo, wie geht es?
  ['tʃa:o 'ko:me s'ta:i]
cieco, a, *pl* ciechi, cieche — blind
  ['tʃɛ:ko, -a, -i, -e]
il cieco, la cieca — Blinde *m, f*
  ['tʃɛ:ko, -a]
il cielo ['tʃɛ:lo] — Himmel *m*
  in cielo [in 'tʃɛ:lo] — am Himmel
  grazie al cielo — Gott sei Dank
  ['grattsie al 'tʃɛ:lo]
la cifra ['tʃi:fra] — Ziffer *f*; Zahl *f*; Summe *f*
il cimitero [tʃimi'tɛ:ro] — Friedhof *m*
il cinema ['tʃi:nema] *inv* — Kino *n*
cinquanta [tʃiŋ'kuanta] — fünfzig
  il cinquantesimo — der fünfzigste
  [il tʃiŋkan'tɛ:zimo]
cinque ['tʃiŋkue] — fünf
ciò [tʃɔ] — das, dies
  a ciò [a t'tʃɔ] — hierzu
  ciò che ['tʃɔ kke] — was
  cioè [tʃo'ɛ] — das heißt (d. h.)
  ciò nonostante — trotzdem
  ['tʃɔ nnonos'tante]
  di ciò parleremo più tardi — darüber sprechen wir später
  [di 'tʃɔ pparle're:mo piu t'tardi]
  non vedo nulla di male in ciò — darin sehe ich nichts Schlechtes
  [non 've:do 'nulla di 'ma:le in 'tʃɔ]
  con ciò non voglio dire che — damit will ich nicht sagen, daß
  [kon 'tʃɔ nnon 'voʎʎo 'di:re ke]
la cioccolata [tʃokko'la:ta] — Schokolade *f*
  cioccolata al latte — Milchschokolade *f*
  [tʃokko'la:ta al 'latte]
circa ['tʃirka] — ungefähr; bezüglich
il circolo ['tʃirkolo] — Kreis *m*; Zirkel *m*; Verein *m*, Klub *m*
circondare (di) — umgeben; umstellen
  [tʃirkon'da:re (di)]
la circostanza — Umstand *m*; Lage *f*; Gelegenheit *f*
  [tʃirkos'tantsa]

in queste circostanze — unter diesen Umständen
[in 'kueste tʃirkos'tantse]
a seconda delle circostanze — je nachdem
[a sse'konda 'delle
tʃirkos'tantse]

la città [tʃit'ta] *inv* — Stadt *f*
in città [in tʃit'ta] — in der/die Stadt
la città di Roma — die Stadt Rom
[la tʃit'ta di ro:ma]

cittadino, a [tʃitta'di:no, -a] — städtisch, Stadt-
il cittadino, la cittadina — Bürger *m*, Bürgerin *f*
[tʃitta'di:no, -a]
cittadino italiano — italienischer Staatsbürger *m*
[tʃitta'di:no ita'lja:no]

civile [tʃi'vi:le] — zivil, Zivil-

la classe ['klasse] — Klasse *f*
la quinta classe — die 5. Klasse
[la 'kuinta 'klasse]
la classe sociale — Gesellschaftsschicht *f*
[la 'klasse so'tʃa:le]
di (gran) classe — erstklassig
[di ('gran) 'klasse]

il/la cliente [kli'ente] — Kunde *m*, Kundin *f*

il clima, *pl* **i climi** ['kli:ma, -i] — Klima *n*

la coda ['ko:da] — Schwanz *m*
fare la coda ['fa:re la 'ko:da] — Schlange stehen
in coda al treno — am Ende des Zuges
[in 'ko:da al 'tre:no]

cogliere (colto) — pflücken; wahrnehmen *(Gele-*
['kɔʎʎere ('kɔlto)] — *genheit)*

il cognome [koɲ'ɲo:me] — Familienname *m*, Zuname *m*

la coincidenza [kointʃi'dɛntsa] — Übereinstimmung *f*; Zufall *m*;
Anschluß *m (Zug)*

a Bologna troverà la coinci- — in Bologna haben Sie
denza per Milano — Anschluß nach Mailand
[a bbo'loɲɲa trove'ra lla
kointʃi'dɛntsa per Mi'la:no]

la colazione [kolat'tsjo:ne] — Frühstück *n*; Mittagessen *n*
fare colazione — frühstücken; zu Mittag essen
['fa:re kolat'tsjo:ne]

la colla ['kɔlla] — Leim *m*

il colle ['kɔlle] — Hügel *m*

il/la collega, *pl* **i colleghi,** — Kollege *m*, Kollegin *f*
le colleghe [kol'lɛ:ga, -i, -e]

la collera ['kɔllera] — Zorn *m*
  è in collera con me — er ist böse auf mich
  ['ɛ iŋ 'kɔllera kom 'me]
la collina [kol'li:na] — Hügel *m*
il collo ['kɔllo] — Hals *m*; Nacken *m*
colmare (di) [kol'ma:re (di)] — füllen; überhäufen (mit)
il colore [ko'lo:re] — Farbe *f*
  di che colore è il tuo vestito? — welche Farbe hat dein Kleid?
  [di ke kko'lo:re 'ɛ il 'tu:o
  ves'ti:to]
la colpa ['kolpa] — Schuld *f*
  la colpa è mia — ich bin (daran) schuld
  [la 'kolpa 'ɛ m'mi:a]
  che colpa (ne) abbiamo noi? — was können wir dafür?
  [ke k'kolpa (ne) ab'bia:mo 'no:i]
colpevole (di) [kol'pe:vole (di)] — schuld (an), schuldig
colpire [kol'pi:re] — treffen; beeindrucken
il colpo ['kolpo] — Schlag *m*; Stoß *m*; Schuß *m*
  di/sul colpo [di/sul 'kolpo] — plötzlich
  un colpo di Stato — Staatsstreich *m*
  [uŋ 'kolpo di s'ta:to]
  un colpo di telefono — Anruf *m*
  [uŋ 'kolpo di te'lɛ:fono]
  un colpo di fortuna — Glücksfall *m*
  [uŋ 'kolpo di for'tu:na]
il coltello [kol'tɛllo] — Messer *n*
coltivare [kolti'va:re] — anbauen; bebauen *(Acker)*; kultivieren
il coltivatore [koltiva'to:re] — Landwirt *m*
colto, a ['kolto, -a] — gebildet
combattere [kom'battere] — kämpfen; bekämpfen
  combattere contro qc — gegen etw (an)kämpfen
  [kom'battere 'kontro …]
il combustibile [kombus'ti:bile] — Brennstoff *m*
come ['ko:me] *adv/conj* — wie
  come si dice in italiano? — wie heißt das auf Italienisch?
  ['ko:me ssi 'di:tʃe in ita'lia:no]
  come sta? ['ko:me s'ta] — wie geht es Ihnen?
  come me ['ko:me m'me] — wie ich
  come se ['ko:me sse] — als ob
cominciare (a fare qc) — beginnen, anfangen (etw zu tun)
  [komin'tʃa:re (a f'fa:re …)]
  cominciare da niente — mit nichts anfangen
  [kommin'tʃa:re da n'niɛnte]

commerciale [kommer'tʃa:le]   Handels-, Geschäfts-
il/la commerciante   Geschäftsmann *m*, -frau *f*
   [kommer'tʃante]
il commercio, *pl* i commerci   Handel *m*
   [kom'mɛrtʃo, -i]
   il commercio all'ingrosso   Großhandel *m*
   [il kom'mɛrtʃo alliŋ'grɔsso]
   il commercio al minuto   Einzelhandel *m*
   [il kom'mɛrtʃo al mi'nu:to]
commettere (commesso)   begehen *(Verbrechen, Irrtum)*
   [kom'mettere (kom'messo)]
la commissione [kommis'sio:ne]   Kommission *f*; Auftrag *m*
   la commissione interna   Betriebsrat *m*
   [la kommis'sio:ne in'tɛrna]
   fare delle commissioni   Besorgungen machen
   ['fa:re 'delle kommis'sio:ni]
commuovere (commosso)   beeindrucken, rühren
   [kom'muɔ:vere (kom'mɔsso)]
   commuoversi [kom'muɔ:versi]   ergriffen werden
comodo, a ['kɔ:modo, -a]   bequem; gelegen, passend
la compagnia [kompaɲ'ɲi:a]   Gesellschaft *f*; Begleitung *f*
   fare/tenere compagnia a qn   jdm Gesellschaft leisten
   ['fa:re/te'ne:re kompaɲ'ɲi:a a]
il compagno [kom'paɲɲo]   Genosse *m*; Gefährte *m*; Partner *m*

   compagno di scuola   Schulkamerad *m*
   [kom'paɲɲo di s'kuɔ:la]
il compito ['kompito]   Aufgabe *f*; Pflicht *f*
il compleanno [komple'anno]   Geburtstag *m*
completo, a [kom'plɛ:to, -a]   vollständig; völlig, gänzlich
   completamente   völlig, ganz
   [kompleta'mente] *adv*
il complimento [kompli'mento]   Kompliment *n*;
     pl Umstände *m pl*
   non faccia complimenti   machen Sie keine (großen)
   [non 'fattʃa kompli'menti]   Umstände
comporre (di) (composto)   zusammensetzen; verfassen
   [kom'porre (di) (kom'posto)]
comportarsi [kompor'tarsi]   sich benehmen, sich verhalten
comprare [kom'pra:re]   kaufen
comprendere (compreso)   begreifen, verstehen; umfassen
   [kom'prɛndere (kom'pre:so)]
   servizio compreso   inklusive Bedienung
   [ser'vittsio kom'pre:so]

comune [ko'mu:ne]
gewöhnlich, gemein; gemeinsam, allgemein

avere in comune
[a've:re iŋ ko'mu:ne]
gemeinsam haben

comunicare qc a qn
[komuni'ka:re ... a ...]
jdm etw mitteilen

la comunicazione
[komunikat'tsio:ne]
Mitteilung *f*; Verbindung *f*

essere in comunicazione
con qn ['ɛssere iŋ
komunikat'tsio:ne kon ...]
mit jdm in Verbindung stehen

comunque
[ko'muŋkue] *conj/adv*
wie auch immer; jedenfalls,
immerhin

con [kon]
mit; bei; trotz; durch; zu;
nach; unter

esce con i suoi amici
['ɛʃʃe kon i 'suo:i a'mi:tʃi]
er geht mit seinen Freunden
aus

abita con i suoi genitori
['a:bita kon i 'suo:i dʒeni'to:ri]
er wohnt bei seinen Eltern

con questo tempo
[koŋ 'kuesto 'tɛmpo]
bei diesem Wetter

con la forza [kon la 'fortsa]
durch Gewalt

con nostro rammarico
[kon 'nostro ram'ma:riko]
zu unserem Bedauern

col pretesto [kol pre'tɛsto]
unter dem Vorwand

la condanna [kon'danna]
Verurteilung *f*; Strafe *f*

condannare (a)
[kondan'na:re (a)]
verurteilen (zu)

la condizione [kondit'tsio:ne]
Bedingung *f*; Lage *f*;
Zustand *m*

a condizione che
[a kkondit'tsio:ne ke]
unter der Bedingung, daß

condurre (condotto)
[kon'durre (kon'dotto)]
führen; leiten

condurre a [kon'durre a]
führen nach/zu

il conduttore [kondut'to:re]
Fahrer *m*

la conferenza [konfe'rɛntsa]
Vortrag *m*; Konferenz *f*

confermare [konfer'ma:re]
bestätigen

confidare (in) [konfi'da:re (in)]
anvertrauen; vertrauen (auf)

confidare qc a qn
[konfi'da:re ... a ...]
jdm etw anvertrauen, übertragen

il confine [kon'fi:ne]
Grenze *f*

confondere (con) (confuso)
[kon'fondere (kon) (kon'fu:zo)]
verwechseln (mit); verwirren

la confusione [konfu'zio:ne]	Verwechslung *f*; Verwirrung *f*
il conguaglio, *pl* **i conguagli** [koŋ'guaʎʎo, -i]	Ausgleich *m (Betrag)*
il/la conoscente [konoʃ'ʃɛnte]	Bekannte *m/f*
la conoscenza (di, in) [konoʃ'ʃɛntsa (di, in)]	Kenntnis *f*; Bekanntschaft *f*
fare la conoscenza di qn ['fa:re la konoʃ'ʃɛntsa di …]	jdn kennenlernen
essere a conoscenza di qc ['ɛssere a kkonoʃ'ʃɛntsa di …]	über etw Bescheid wissen
senza conoscenza ['sɛntsa konoʃ'ʃɛntsa]	bewußtlos
conoscere (conosciuto) [ko'noʃʃere (konoʃ'ʃu:to)]	kennen; wissen; kennenlernen
conquistare [koŋkuis'ta:re]	erobern; erringen
consegnare [konseɲ'ɲa:re]	übergeben
la conseguenza [konse'guɛntsa]	Konsequenz *f*, Folge *f*
avere per conseguenza [a've:re per konse'guɛntsa]	zur Folge haben
di/per conseguenza [di/per konse'guɛntsa]	infolgedessen, folglich
conservare [konser'va:re]	aufbewahren, erhalten
conservarsi [konser'varsi]	sich halten *(Lebensmittel)*; gesund bleiben *(Personen)*
considerare (come) [konside'ra:re ('ko:me)]	betrachten, ansehen (als)
la considerazione [konsiderat'tsio:ne]	Betrachtung *f*; Berücksichtigung *f*
prendere in considerazione qc ['prɛndere iŋ konsiderat'tsio:ne]	etw in Betracht ziehen, berücksichtigen
considerevole [konside're:vole]	beträchtlich, beachtlich
consigliare (qc a qn) [konsiʎ'ʎa:re (… a …)]	(jdm etw) raten
consigliarsi con qn [konsiʎ'ʎarsi kon …]	sich mit jdm beraten
il consigliere [konsiʎ'ʎɛ:re]	Ratgeber *m*, Berater *m*
il consiglio, *pl* **i consigli** [kon'siʎʎo, -i]	Rat *m*, Ratschlag *m*
chiedere consiglio a qn ['kiɛ:dere kon'siʎʎo a…]	jdn um Rat fragen
consolare [konso'la:re]	trösten
consumare [konsu'ma:re]	verbrauchen; verzehren

il consumo [kon'su:mo]	Verbrauch *m*
il contadino, la contadina [konta'di:no, -a]	Bauer *m*, Bäuerin *f*
contare [kon'ta:re]	zählen; rechnen
contare di fare qc [kon'ta:re di 'fa:re …]	etw vorhaben
contare su [kon'ta:re su]	rechnen mit, sich verlassen auf
contenere [konte'ne:re]	enthalten; umfassen
contenersi [konte'nersi]	sich beherrschen
contento, a (di) [kon'tɛnto, -a (di)]	zufrieden (mit)
essere contento (di) ['ɛssere kon'tɛnto (di)]	zufrieden sein (mit); sich freuen (über)
il contenuto [konte'nu:to]	Inhalt *m*
continuare (a fare qc) [kontinu'a:re (a f'fa:re …)]	fortsetzen, fortfahren; andauern
continua [kon'ti:nua]	Fortsetzung folgt
la continuazione [kontinuat'tsio:ne]	Fortsetzung *f*; (Reihen-)Folge *f*
in continuazione [iŋ kontinuat'tsio:ne]	ständig
il conto ['konto]	Rechnung *f*; Abrechnung *f*; Konto *n*
rendersi conto di ['rɛndersi 'konto di]	etw bemerken; sich klarwerden über
tenere conto di qc [te'ne:re 'konto di …]	etw berücksichtigen
per conto mio [per 'konto 'mi:o]	was mich betrifft
in fin dei conti [in 'fin 'de:i 'konti]	schließlich; im Endeffekt
il contorno [kon'torno]	Umriß *m*; Beilage *f* (Essen)
contrario, a [kon'tra:rio, -a]	entgegengesetzt; gegensätzlich
in senso contrario [in 'sɛnso kon'tra:rio]	in entgegengesetzter Richtung
il contrario [kon'tra:rio]	Gegenteil *n*; Gegensatz *m*
al contrario [al kon'tra:rio]	im Gegenteil; dagegen
il contratto [kon'tratto]	Vertrag *m*
il contributo [kontri'bu:to]	Beitrag *m*; Abgabe *f*
contro ['kontro]	gegen
controllare [kontrol'la:re]	prüfen, kontrollieren
il controllo [kon'trollo]	Kontrolle *f*

convenire (convenuto)
[konve'ni:re (konve'nu:to)]
— zusammenkommen; passen; entsprechen; zusagen; abmachen

non mi conviene
[nom mi kon'vi̯ɛːne]
— es paßt mir nicht

bisogna convenire che
[bi'zoɲɲa konve'ni:re ke]
— man muß zugeben, daß

gli conviene? [ʎi kon'vi̯ɛːne]
— lohnt sich das für ihn?

la conversazione
[konversat'tsi̯o:ne]
— Unterhaltung *f*; Unterredung *f*; Konversation *f*

convincere (qn di qc)
(convinto) [kon'vintʃere (di)
(kon'vinto)]
— (jdn von etw) überzeugen

la convinzione [konvin'tsi̯o:ne]
— Überzeugung *f*

il coperto [ko'pɛrto]
— Gedeck *n*

coprire (di) (coperto)
[ko'pri:re (di) (ko'pɛrto)]
— bedecken, zudecken (mit); bekleiden *(Amt)*

coprirsi [ko'prirsi]
— sich zudecken; sich warm anziehen

il coraggio [ko'raddʒo]
— Mut *m*, Tapferkeit *f*

farsi coraggio
['farsi ko'raddʒo]
— Mut fassen

perdersi di coraggio
['pɛrdersi di ko'raddʒo]
— den Mut verlieren

coraggioso, a
[korad'dʒo:so, -a]
— mutig

cordiale [kor'di̯a:le]
— herzlich

il corpo ['kɔrpo]
— Körper *m*

correggere (corretto)
[kor'rɛddʒere (kor'rɛtto)]
— korrigieren, berichtigen

corrente [kor'rɛnte]
— laufend; fließend; üblich

mese corrente
['me:se kor'rɛnte]
— laufender Monat

la corrente [kor'rɛnte]
— Strom *m*; Strömung *f*

c'è corrente (d'aria)
['tʃɛ kkor'rɛnte ('da:ri̯a)]
— es zieht

correre (corso)
['korrere ('korso)]
— laufen, rennen, eilen

correre dietro (a qn/qc)
['korrere 'di̯e:tro (a …)]
— (jdm/etw) nachlaufen

corre voce che
['korre 'vo:tʃe ke]
— es geht das Gerücht um, daß

ci corre molto tra/fra
[tʃi 'korre 'molto tra/fra]
— es ist ein großer Unterschied zwischen

ci corse poco che
[tʃi 'korse 'pɔ:ko ke]
es fehlte nicht viel, daß

il corridoio, *pl* i corridoi
[korri'do:jo, -i]
Korridor *m*; Gang *m*

la corrispondenza
[korrispon'dɛntsa]
Korrespondenz *f*; Brief-
wechsel *m*

essere in corrispondenza
con qc ['ɛssere iŋ
korrispon'dɛntsa kon …]
mit jdm in Briefwechsel stehen

la corsa ['korsa]
Lauf *m*; Rennen *n*

fare una corsa (in un luogo)
['fa:re 'u:na 'korsa (in un
'luɔ:go)]
schnell (irgendwohin) laufen

arrivò di corsa
[arri'vɔ ddi 'korsa]
er kam angerannt

il corso ['korso]
Lauf *m (Fluß, Zeit)*; Kurs *m*

corso estivo
['korso es'ti:vo]
Ferienkurs *m*

corso d'italiano
['korso dita'lja:no]
Italienischkurs *m*

l'anno in corso
['lanno iŋ 'korso]
dieses Jahr, laufendes Jahr

la corte ['korte]
Hof *m*; Gericht *n*

fare la corte a qn
['fa:re la 'korte a …]
jdm den Hof machen

cortese [kor'te:ze]
höflich, freundlich, gefällig

il cortile [kor'ti:le]
Hof *m*

corto, a ['korto, -a]
kurz

la cosa ['kɔ:sa]
Sache *f*, Ding *n*; Angelegenheit *f*

che cosa vuole?
[ke k'kɔ:sa 'vuɔ:le]
was will er?

qualche cosa di bello
['kualke k'kɔ:sa di 'bɛllo]
etwas Schönes

vorrei raccontarti una cosa
interessante
[vor'rɛ:i rakkon'tarti 'u:na 'kɔ:sa
interes'sante]
ich möchte dir etwas Interes-
santes erzählen

molte cose
['molte 'kɔ:se]
vieles

per prima cosa
[per 'pri:ma 'kɔ:sa]
als erstes

è la stessa cosa
['ɛ lla s'tessa 'kɔ:sa]
es ist dasselbe

la coscienza [koʃˈʃɛntsa]   Bewußtsein *n*; Gewissen *n*
  libertà di coscienza   Gewissensfreiheit *f*
  [liberˈta ddi koʃˈʃɛntsa]
  avere la coscienza tranquilla   ein ruhiges Gewissen haben
  [aˈveːre la koʃˈʃɛntsa tranˈkṵilla]
  obiettore di coscienza   Kriegsdienstverweigerer *m*
  [objetˈtoːre di koʃˈʃɛntsa]
così [koˈsi]   so, auf diese Weise
  così così [koˈsi kkoˈsi]   einigermaßen
  e così via [e kkoˈsi vˈviːa]   usw.
  per così dire [per koˈsi dˈdiːre]   sozusagen
  così ... come [koˈsi ... ˈkoːme]   so ... wie
costare [kosˈtaːre]   kosten
  quanto è costato?   wieviel hat es gekostet?
  [ˈkṵanto ɛ kkosˈtaːto]
  mi costò molto   es fiel mir schwer
  [mi kosˈtɔ mˈmolto]
costituire [kostituˈiːre]   bilden; gründen
il costo [ˈkɔsto]   Preis *m*; Kosten *pl*
  il costo della vita   Lebenshaltungskosten *pl*
  [il ˈkɔsto ˈdella ˈviːta]
costringere (a) (costretto)   zwingen (zu)
  [kosˈtrindʒere (a) (kosˈtretto)]
costruire [kostruˈiːre]   (er)bauen, errichten
la costruzione [kostrutˈtsioːne]   Bau *m*
  essere in costruzione   im Bau sein
  [ˈɛssere iŋ kostrutˈtsioːne]
il costume [kosˈtuːme]   Gewohnheit *f*, Sitte *f*, Brauch *m*; Kostüm *n*, Tracht *f*

  costume da bagno   Badeanzug *m*
  [kosˈtuːme da bˈbaɲɲo]
il cotone [koˈtoːne]   Baumwolle *f*
il cottimo [ˈkɔttimo]   Akkord *m*
  lavorare a cottimo   im Akkord arbeiten
  [lavoˈraːre a kˈkɔttimo]
creare [kreˈaːre]   schaffen, erschaffen
credere [ˈkreːdere]   glauben; meinen, annehmen; halten für

  Io credo [lo ˈkreːdo]   ich glaube es
  Io credevo ricco   ich hielt ihn für reich
  [lo kreˈdeːvo ˈrikko]
  a quanto credo   soviel ich weiß
  [a kˈkṵanto ˈkreːdo]

credere alla giustizia	an die Gerechtigkeit glauben
['kre:dere 'alla dʒus'tittsi̯a]	
credere in Dio	an Gott glauben
['kre:dere in 'di:o]	
non credere ai propri occhi	seinen Augen nicht trauen
[non 'kre:dere 'a:i 'prɔ:pri 'ɔkki]	
la crisi ['kri:zi] *inv*	Krise *f*
la croce ['kro:tʃe]	Kreuz *n*
la cuccetta [kut'tʃetta]	Liegeplatz *m (Eisenbahn)*
la carrozza cuccette	Liegewagen *m*
[la kar'rottsa kut'tʃette]	
il cucchiaio, *pl* i cucchiai	Löffel *m*
[kuk'ki̯a:io, -i]	
cucchiaino [kukki̯a'i:no]	Tee-, Kaffeelöffel *m*
la cucina [ku'tʃi:na]	Küche *f*; Kochkunst *f*; Herd *m*
cucinare [kutʃi'na:re]	kochen
cucire [ku'tʃi:re]	nähen
filo da cucire	Nähfaden *m*
['fi:lo da kku'tʃi:re]	
macchina da cucire	Nähmaschine *f*
['makkina da kku'tʃi:re]	
il cugino, la cugina	Vetter *m*, Kusine *f*
[ku'dʒi:no, -a]	
cui ['ku:i]	den, die, das; dessen, deren;
	dem, der, denen
a cui [a k'ku:i]	dem/der/denen
per cui [per 'ku:i]	für den/die; deshalb
il ragazzo il cui padre è	der Junge, dessen Vater krank
malato [il ra'gattso il 'ku:i	ist
'pa:dre 'ɛ mma'la:to]	
la signora la cui figlia è morta	die Frau, deren Tochter
[la siɲ'ɲo:ra la 'ku:i 'fiʎʎa 'ɛ	gestorben ist
m'mɔrta]	
la cultura [kul'tu:ra]	Kultur *f*; Bildung *f*
cuocere (cotto)	kochen; backen *(Brot)*
['ku̯ɔ:tʃere ('kɔtto)]	
la pasta è cotta	die Nudeln sind gar
[la 'pasta 'ɛ k'kɔtta]	
il cuoco, *pl* i cuochi ['ku̯ɔ:ko, -i]	Koch *m*
il cuoio, *pl* i cuoi ['ku̯ɔ:i̯o, -i]	Leder *n*
cuoio artificiale	Kunstleder *n*
['ku̯ɔ:i̯o artifi'tʃa:le]	
il cuore ['ku̯ɔ:re]	Herz *n*
il cuore batte [il 'ku̯ɔ:re 'batte]	das Herz schlägt

di buon/tutto cuore	sehr gerne
[di 'bu̯oŋ/'tutto 'ku̯ɔːre]	
senza cuore ['sɛntsa 'ku̯ɔːre]	herzlos
non ho il cuore di	ich habe nicht den Mut zu; ich
[no'nɔ il 'ku̯ɔːre di]	bringe es nicht übers Herz, zu
cupo, a ['kuːpo, -a]	dunkel *(Farbe)*; tief *(Schmerz,*
	Ton, Stille); finster; ver-
	schlossen *(Personen)*
rosso cupo ['rosso 'kuːpo]	dunkelrot
la cura ['kuːra]	Sorge *f*; Sorgfalt *f*
le cure [le 'kuːre]	Pflege *f*
avere cura [a've:re 'kuːra]	achtgeben
con cura [koŋ 'kuːra]	sorgfältig
curare [ku'raːre]	pflegen; sorgen (für); achten
	(auf); behandeln
la curiosità [kuri̯osi'ta]	Neugier *f*; Sehenswürdigkeit *f*;
	Kuriosität *f*
curioso, a [ku'ri̯oːso, -a]	neugierig; merkwürdig, son-
	derbar
sarei curioso di sapere se	ich möchte gerne wissen, ob
[sa'rɛːi ku'ri̯oːso di sa'peːre se]	
la curva ['kurva]	Kurve *f*

D

da [da]	von; aus; bei; zu; seit; mit; vor;
	an; als *(bei Personen)*
da Milano a Napoli	von Mailand bis Neapel
[da mmi'la:no a n'na:poli]	
da nobile famiglia	aus vornehmer Familie
[da n'nɔːbile fa'miʎʎa]	
dalla sua bocca	aus seinem Mund
['dalla 'su̯a 'bokka]	
sono da mio cugino	ich bin bei meinem Vetter
['soːno da m'miːo ku'dʒiːno]	
vado da mio cugino	ich gehe zu meinem Vetter
['va:do da m'mi:o ku'dʒiːno]	
vengo da mio cugino	ich komme von meinem Vetter
['vɛŋgo da m'miːo ku'dʒiːno]	
dagli occhi neri	mit dunklen Augen
[daʎ'ʎɔkki 'neːri]	

dai capelli rossi　　　　　　　mit roten Haaren
['da:i ka'pelli 'rossi]

riconoscere dalla voce　　　　an der Stimme erkennen
[riko'noʃʃere 'dalla 'vo:tʃe]

abito qui da un anno　　　　　ich wohne hier seit einem Jahr
['a:bito 'kui dda u'nanno]

sono arrivato da ieri　　　　　ich bin gestern angekommen,
['so:no arri'va:to da 'iɛ:ri]　　　　ich bin seit gestern hier

macchina da scrivere　　　　Schreibmaschine *f*
['makkina da s'kri:vere]

il danno ['danno]　　　　　　Schaden *m*
dappertutto [dapper'tutto]　überall
dapprima [dap'pri:ma]　　　zuerst, an erster Stelle
dare (dato) ['da:re ('da:to)]　geben; schenken; ablegen
　　　　　　　　　　　　　　　(Prüfung); abgeben *(Urteil)*

gli dia da mangiare　　　　　geben Sie ihm zu essen
[ʎi 'di:a da mman'dʒa:re]

dare il buongiorno　　　　　guten Tag wünschen
['da:re il buon'dʒorno]

che film danno?　　　　　　welcher Film läuft?
[ke f'film 'danno]

la camera dà sulla strada　das Zimmer liegt zur Straße
[la 'ka:mera 'da s'sulla s'tra:da]　hin

dare le dimissioni　　　　　kündigen *(Stellung)*; nieder-
['da:re le dimis'sio:ni]　　　　　legen *(Amt)*

darsi ['darsi]　　　　　　　sich widmen; sich hingeben
darsi del Lei/tu　　　　　　sich siezen/duzen
['darsi del 'lɛ:i/'tu]

la data ['da:ta]　　　　　　Datum *n*
il datore [da'to:re]　　　　Geber *m*
　il datore di lavoro　　　　　Arbeitgeber *m*
　[il da'to:re di la'vo:ro]

davanti (a) [da'vanti (a)] *adv/prp*　vorn; nach vorn; vor
debole ['de:bole]　　　　　schwach; unbedeutend,
　　　　　　　　　　　　　　　gering

la debolezza [debo'lettsa]　Schwäche *f*; Neigung *f*
decidere (deciso)　　　　　entscheiden, beschließen
　[de'tʃi:dere (de'tʃi:zo)]

essere deciso a fare qc　　entschlossen sein, etw zu tun
['ɛssere de'tʃi:zo a f'fa:re …]

decidersi a fare qc　　　　sich entschließen zu
[de'tʃi:dersi a f'fa:re …]

ha deciso di partire　　　　er hat beschlossen abzureisen
[a dde'tʃi:zo di par'ti:re]

la decina [de'tʃi:na]   (etwa) zehn
la decisione [detʃi'zi̯o:ne]   Entscheidung *f*; Entschluß *m*; Beschluß *m*

prendere una decisione   einen Beschluß fassen
['prɛndere 'u:na detʃi'zi̯o:ne]
degno, a (di) ['deɲɲo, -a (di)]   wert; würdig; würdevoll; ehrwürdig

degno di lode   lobenswert
['deɲɲo di 'lɔ:de]
degno di riguardo   beachtenswert
['deɲɲo di ri'gu̯ardo]
non è degno di te   das paßt nicht zu dir; es ist
[no'nɛ d'deɲɲo di 'te]   deiner nicht würdig
delicato, a [deli'ka:to, -a]   zart, fein; empfindlich; feinfühlend

un bambino delicato   ein zartes/schwächliches Kind
[um bam'bi:no deli'ka:to]
una questione delicata   eine heikle Frage
['u:na ku̯es'ti̯o:ne deli'ka:ta]
una persona delicata   ein taktvoller Mensch
['u:na per'so:na deli'ka:ta]
il delitto [de'litto]   Verbrechen *n*, Straftat *f*
il corpo del delitto   Beweisstück *n*
[il 'kɔrpo del de'litto]
delizioso, a   köstlich, entzückend
[delit'tsi̯o:so, -a]
il denaro [de'na:ro]   Geld *n*
denari contanti   Bargeld *n*
[de'na:ri kon'tanti]
il dente ['dɛnte]   Zahn *m*
il dentifricio, *pl* i dentifrici   Zahnpasta *f*
[denti'fri:tʃo, -i]
il dentista, *pl* i dentisti   Zahnarzt *m*
[den'tista, -i]
dentro ['dentro] *adv/prp*   innen, drinnen; herein, hinein
mettere dentro   einsperren *(Gefängnis)*
['mettere 'dentro]
denunciare [denun'tʃa:re]   anzeigen; melden
depositare [depozi'ta:re]   hinterlegen, in Verwahrung geben
il deposito [de'pɔ:zito]   Aufbewahrung *f*; Depot *n*
il deposito bagagli   Gepäckaufbewahrung *f*
[il de'pɔ:zito ba'gaʎʎi]
deserto, a [de'zɛrto, -a]   öde, menschenleer

il deserto [de'zɛrto] — Wüste *f*
il deserto del Sahara — die Wüste Sahara
[il de'zɛrto del sa'a:ra]
desiderare (fare qc) — wünschen, begehren (etw zu
[deside'ra:re ('fa:re …)] — tun)
farsi desiderare — auf sich warten lassen
['farsi deside'ra:re]
il desiderio, *pl* i desideri — Wunsch *m*, Verlangen *n* (nach
[desi'dɛ:rio, -i] — etw)
il destino [des'ti:no] — Schicksal *n*, Los *n*; Bestimmung *f*

destro, a ['dɛstro, -a] — recht *(auf der rechten Seite)*;
geschickt
a destra [a d'dɛstra] — rechts; nach rechts
deviare [devi'a:re] — abweichen; entgleisen; vom
rechten Weg abbringen/
abkommen

di [di] — von; aus; als; über; mit; an;
bei; vor; in
di te [di 'te] — von dir; über dich
di legno [di 'leɲɲo] — aus Holz
sono più ricco di lui — ich bin reicher als er
['so:no piu r'rikko di 'lu:i]
ornato di fiori — mit Blumen geschmückt
[or'na:to di 'fio:ri]
tre di numero — drei an der Zahl
['tre ddi 'nu:mero]
di giorno [di 'dʒorno] — bei Tag
di notte [di 'nɔtte] — bei Nacht, nachts
di paura [di pa'u:ra] — vor Angst
presso di lui ['prɛsso di 'lu:i] — bei ihm
di più [di 'piu] — mehr
il diavolo ['dia:volo] — Teufel *m*
dicembre [di'tʃɛmbre] *m* — Dezember *m*
(*cf* agosto)
dichiarare [dikia'ra:re] — erklären; anmelden; angeben
(Wert)
ha qualcosa da dichiarare? — haben Sie etw zu verzollen?
['a kkual'kɔ:sa da ddikia'ra:re]
la dichiarazione — Erklärung *f*
[dikiarat'tsio:ne]
dieci ['diɛ:tʃi] — zehn
il decimo, la decima — der, die zehnte
['dɛ:tʃimo, -a]

dietro ['dिε:tro] *prp/adv* — hinter; nach; gemäß; hinten; nach hinten

l'uno dietro l'altro — hintereinander; einer nach dem andern
['lu:no 'diε:tro 'laltro]
dietro richiesta di — auf Antrag von
['diε:tro ri'kiεsta di]
dietro presentazione di — nach Vorzeigen von
['diε:tro prezentat'tsio:ne di]
di dietro [di 'diε:tro] — von hinten

difendere (difeso) — verteidigen
[di'fɛndere (di'fe:so)]

la difesa [di'fe:sa] — Verteidigung *f*; Schutz *m*
legittima difesa — Notwehr *f*
[le'dʒittima di'fe:sa]
prendere le difese di qn — für jdn eintreten
['prɛndere le di'fe:se di …]

il difetto (di) [di'fɛtto (di)] — Fehler *m*; Mangel *m* (an)
differente [diffe'rɛnte] — verschieden; unterschiedlich
la differenza [diffe'rɛntsa] — Unterschied *m*, Differenz *f*
difficile [dif'fi:tʃile] — schwer, schwierig
la difficoltà [diffikol'ta] *inv* — Schwierigkeit *f*
senza difficoltà — reibungslos, ohne Schwierig-keit
['sɛntsa diffikol'ta]
la difficoltà sta in ciò che — die Schwierigkeit liegt darin, daß
[la diffikol'ta s'ta in 'tʃo kke]
dimenticare qc, — etw vergessen
dimenticarsi di qc
[dimenti'ka:re …,
dimenti'karsi di …]

diminuire (di) [diminu'i:re (di)] — (sich) verringern; vermindern; nachlassen (um)

dimostrare [dimos'tra:re] — beweisen; zeigen
i dintorni [din'torni] *pl* — Umgebung *f*
(il) Dio, *pl* gli dei ['di:o, 'dɛ:i] — Gott *m*
il buon Dio [il 'buɔn 'di:o] — der liebe Gott
Dio buono!, santo Dio! — Herrgott!
['di:o 'buɔ:no, 'santo d'di:o]
in nome di Dio — in Gottes Namen
[in 'no:me di d'di:o]
per l'amor di Dio! — um Gottes willen!
[per la'mor di d'di:o]
Dio ce la mandi buona! — Gott sei uns gnädig!
['di:o tʃe la 'mandi 'buɔ:na]
grazie a Dio! ['grattsie a d'di:o] — Gott sei Dank!

dipendere (da) (dipeso)
[di'pɛndere (da) (di'pe:so)]
abhängen (von)

dipingere (dipinto)
[di'pindʒere (di'pinto)]
malen; schildern

dire (detto) ['di:re ('detto)]
sagen, sprechen; erzählen

a dire il vero [a d'di:re il 've:ro]
eigentlich, offen gestanden

vuol dire ['vuɔl 'di:re]
das heißt, das bedeutet

come ha detto?
['ko:me a d'detto]
wie bitte?

così dicendo [ko'si ddi'tʃɛndo]
bei diesen Worten

diretto, a [di'rɛtto -a]
gerade; direkt

direttamente
[diretta'mente] *adv*
direkt

il (treno) diretto
[il ('trɛ:no) di'rɛtto]
Schnellzug *m*

il direttore, la direttrice
[diret'to:re, -'tri:tʃe]
Direktor *m*, Direktorin *f*

la direzione [diret'tsio:ne]
Richtung *f*

dirigere (diretto)
[di'ri:dʒere (di'rɛtto)]
lenken; leiten, führen; richten

dirigersi (verso)
[di'ri:dʒersi ('vɛrso)]
zugehen (auf); sich wenden (an)

dirimpetto (a) [dirim'pɛtto (a)]
gegenüber

diritto, a [di'ritto, -a]
gerade; recht

andare sempre/tutto diritto
[an'da:re 'sɛmpre/'tutto di'ritto]
immer geradeaus gehen

il diritto [di'ritto]
Recht *n*; Anspruch *m*; Gebühr *f*; Zoll *m*; Jura

avere il diritto di fare qc
[a've:re il di'ritto di 'fa:re ...]
das Recht haben, etw zu tun

il disco, *pl* i dischi ['disko, -i]
Scheibe *f*; Schallplatte *f*

il disco orario
[il 'disko o'ra:rio]
Parkscheibe *f*

il discorso [dis'korso]
Gespräch *n*; Rede *f*

la discussione [diskus'sio:ne]
Diskussion *f*; Debatte *f*; Verhandlung *f*

discutere (di) (discusso)
[dis'ku:tere (di) (dis'kusso)]
besprechen; diskutieren; verhandeln (über)

disegnare [diseɲ'ɲa:re]
zeichnen; entwerfen

il disegno [di'seɲɲo]
Zeichnung *f*; Entwurf *m*; Muster *n*

la disgrazia [diz'grattsia]
Unglück *n*, Unheil *n*, Pech *n*

per disgrazia
[per diz'grattsia]
unglücklicherweise

la disoccupazione Arbeitslosigkeit *f*
[dizokkupat'tsi̯o:ne]

il disordine [di'zordine] Unordnung *f*
mettere in disordine in Unordnung bringen
['mettere in di'zordine]

disperare [dispe'ra:re] verzweifeln

dispiacere (dispiaciuto) mißfallen
[dispi̯a'tʃe:re (dispi̯a'tʃu:to)]
mi dispiace molto es tut mir sehr leid
[mi dis'pi̯a:tʃe 'molto]
se non ti dispiace wenn es dir recht ist
[se nnon ti dis'pi̯a:tʃe]

il dispiacere [dispi̯a'tʃe:re] Kummer *m*; Bedauern *n*
per dispiaceri (amorosi) aus (Liebes-)Kummer
[per dispi̯a'tʃe:ri (amo'ro:si)]
con mio (vivo) dispiacere zu meinem (lebhaften) Be-
[kom 'mi:o ('vi:vo) dispi̯a'tʃe:re] dauern

disporre (di) (disposto) anordnen; verfügen (über)
[dis'porre (di) (dis'posto)]

la disposizione Anordnung *f*; Bestimmung *f*
[dispozit'tsi̯o:ne]
sono a Sua disposizione ich stehe Ihnen zur Verfügung
['so:no a s'su:a dispozit'tsi̯o:ne]

disposto, a [dis'posto, -a] angeordnet; bereit
è ben disposto verso di te er ist dir gut gesinnt
['ɛ b'bɛn dis'posto 'vɛrso di 'te]

la distanza [dis'tantsa] Entfernung *f*; Abstand *m*
a tre metri di distanza in/aus 3 Meter Entfernung
[a t'tre m'mɛ:tri di dis'tantsa]
a distanza di un anno ein Jahr danach/später
[a ddis'tantsa di u'nanno]

distinguere (distinto) unterscheiden; *(deutlich)*
[dis'tiŋgu̯ere (dis'tinto)] erkennen

distinto, a [dis'tinto, -a] unterschiedlich; klar; vornehm
con distinti saluti mit freundlichen Grüßen
[kon dis'tinti sa'lu:ti]
con distinta stima hochachtungsvoll
[kon dis'tinta s'ti:ma]

il distributore Verteiler *m*; Tankstelle *f*
[distribu'to:re]
il distributore di benzina Tankstelle *f*
[il distribu'to:re di ben'dzi:na]

distruggere (distrutto) zerstören, vernichten
[dis'truddʒere (dis'trutto)]

disturbare [distur'ba:re] — stören
non si disturbi — machen Sie sich keine Mühe
[non si dis'turbi]
il disturbo [dis'turbo] — Störung *f*; Beschwerden *f pl*
avere disturbi di stomaco — Magenbeschwerden haben
[a've:re dis'turbi di s'to:mako]
tolgo il disturbo — ich will nicht länger stören
['tɔlgo il dis'turbo]
il dito, *pl* le dita ['di:to, -a] — Finger *m*; Zehe *f*
la ditta ['ditta] — Firma *f*
diventare [diven'ta:re] — werden
diverso, a (da) — verschieden (von)
[di'vɛrso, -a (da)]
siamo di opinione diversa — wir sind anderer/verschiede-
['sia:mo di opi'nio:ne di'vɛrsa] — ner Meinung
divertente [diver'tɛnte] — lustig, unterhaltend, amüsant
il divertimento [diverti'mento] — Vergnügen *n*; Unterhaltung *f*;
— Zeitvertreib *m*
buon divertimento! — viel Vergnügen!
['buɔn diverti'mento]
divertire [diver'ti:re] — unterhalten, belustigen
divertirsi (un mondo) — sich (köstlich) amüsieren
[diver'tirsi (um 'mondo)]
divertirsi a fare qc — sich die Zeit vertreiben mit
[diver'tirsi a f'fa:re ...]
dividere (in/con/tra) (diviso) — teilen (in/mit); verteilen (an)
[di'vi:dere (in/kon/tra) (di'vi:zo)]
dividere per tre — durch 3 teilen/dividieren
[di'vi:dere per 'tre]
dividersi [di'vi:dersi] — sich trennen; auseinander
— gehen
la divisione [divi'zio:ne] — Teilung *f*; Aufteilung *f*; Divi-
— sion *f*
la doccia, *pl* le docce — Dusche *f*
['dottʃa, -e]
fare la doccia — sich duschen
['fa:re la 'dottʃa]
dodici ['do:ditʃi] — zwölf
la dogana [do'ga:na] — Zoll *m*
dolce ['doltʃe] — süß; sanft, milde; leise; lieblich
il dolce ['doltʃe] — Süßspeise *f*; Kuchen *m*
i dolci [i 'doltʃi] — Süßigkeiten *f pl*
la dolcezza [dol'tʃettsa] — Sanftheit *f*; Zartheit *f*; Süße *f*
il dolore [do'lo:re] — Schmerz *m*; Leid *n*

la domanda [do'manda] — Frage *f*; Gesuch *n*; Antrag *m*; Nachfrage *f*

fare/porre una domanda — eine Frage stellen
['fa:re/'porre 'u:na do'manda]

fare domanda di — etw beantragen
['fa:re do'manda di]

vorrei farti una domanda — ich möchte dir eine Frage stellen; ich hätte eine Bitte an dich
[vor'rɛ:i 'farti 'u:na do'manda]

domandare (qc a qn) — fragen (nach); (jdn um etw) bitten
[doman'da:re (… a …)]

domandare di qn — nach jdm fragen
[doman'da:re di …]

domani [do'ma:ni] — morgen

domani mattina/sera — morgen früh/abend
[do'ma:ni mat'ti:na/'se:ra]

domattina [domat'ti:na] — morgen früh

domenica *f, pl* **domeniche** — Sonntag *m*
[do'me:nika, -e]

di/la domenica — am Sonntag; sonntags
[di/la do'me:nika]

dominare [domi'na:re] — beherrschen; überragen

il dominio, *pl* **i domini** — Herrschaft *f*
[do'mi:nio, -i]

dominio pubblico — Gemeingut *n*
[do'mi:nio 'pubbliko]

donare [do'na:re] — schenken; geben; spenden

la donna ['dɔnna] — Frau *f*

dopo ['do:po] *prp/adv* — nach; nachher; dann

dopo tutto ['do:po 'tutto] — schließlich

subito dopo ['su:bito 'do:po] — kurz darauf

dopo un'ora ['do:po u'no:ra] — nach einer Stunde

dopo un anno — ein Jahr danach/später
['do:po u'nanno]

dopo che ebbe parlato — nachdem er gesprochen hatte
['do:po ke 'ɛbbe par'la:to]

dopodomani — übermorgen
[dopodo'ma:ni]

doppio, a ['doppio, -a] — doppelt, zweifach

dormire [dor'mi:re] — schlafen

andare a dormire — schlafen gehen
[an'da:re a ddor'mi:re]

il dottore, la dottoressa — Doktor *m*; Arzt *m*, Ärztin *f*
[dot'to:re, dotto'ressa]

dove ['do:ve] — wo; wohin
di dove, da dove — woher
[di 'do:ve, da d'do:ve]
in ogni dove [i'noɲɲi 'do:ve] — überall
dove che sia ['do:ve kke s'si:a] — wo auch immer
dovere [do've:re] — sollen; müssen; schulden; ver-
danken

deve partire ['dɛ:ve par'ti:re] — er muß/soll abreisen
lo devo a lui se sono qui — ich verdanke es ihm, daß ich
[lo 'dɛ:vo a l'lu:i se s'so:no 'ku̯i] — hier bin
gli dovevo mille marchi — ich schuldete ihm 1000 Mark
[ʎi do've:vo 'mille 'marki]
il dovere [do've:re] — Pflicht *f*
fare il proprio dovere — seine Pflicht tun
['fa:re il 'prɔ:prio do've:re]
la dozzina [dod'dzi:na] — Dutzend *n*
a dozzine [a ddod'dzi:ne] — dutzendweise
la drogheria [droge'ri:a] — Drogerie *f*
il dubbio, *pl* i dubbi ['dubbio, -i] — Zweifel *m*, Bedenken *n*
senza dubbio ['sɛntsa 'dubbio] — zweifellos
dubitare (di) [dubi'ta:re (di)] — bezweifeln, zweifeln (an); miß-
trauen

non dubito che egli parta — ich bin sicher, daß er abreist
[non 'du:bito ke 'eʎʎi 'parta]
due ['du:e] — zwei
tutt'e due ['tutt e d'du:e] — beide
a due a due, in due — zu zweit
[a d'du:e a d'du:e, in 'du:e]
due parole ['du:e pa'rɔ:le] — ein paar Worte
su due piedi [su d'du:e 'pi̯ɛ:di] — sofort
uno dei due ['u:no 'de:ɨ 'du:e] — eins/einer von beiden
dunque ['duŋku̯e] — also; daher; folglich; doch
durante [du'rante] — während
durante la guerra — während des Krieges
[du'rante la 'gu̯ɛrra]
durare [du'ra:re] — dauern; reichen
quanto tempo è durato? — wie lange hat es gedauert?
['ku̯anto 'tɛmpo ɛ ddu'ra:to]
la durata [du'ra:ta] — Dauer *f*
durata del volo — Flugzeit *f*
[du'ra:ta del 'vo:lo]
duro, a ['du:ro, -a] — hart, fest; streng; gefühllos
avere il cuore duro — hartherzig sein
[a've:re il 'ku̯ɔ:re 'du:ro]

E

e [e] · und.

e ... e [e ... e] · sowohl ... als auch

ebbene [eb'bɛːne] · nun

eccellente [ettʃel'lɛnte] · ausgezeichnet, hervorragend

eccezionale [ettʃettsi̯o'naːle] · außergewöhnlich, Ausnahme-

eccezionalmente [ettʃettsi̯onal'mente] *adv* · ausnahmsweise

l'eccezione [ettʃet'tsi̯oːne] *f* · Ausnahme *f*

in via d'eccezione [in 'vi:a dettʃet'tsi̯oːne] · ausnahmsweise

senza eccezione ['sɛntsa ettʃet'tsi̯oːne] · ausnahmslos

eccitare [ettʃi'taːre] · erregen; aufregen

ecco ['ɛkko] · hier; da ist/sind

ecco! ['ɛkko] · sieh da!, da hast du es!

ecco perché ['ɛkko per'ke] · eben darum

eccomi! ['ɛkkomi] · da bin ich!, ich komme schon!

l'educazione [edukat'tsi̯oːne] *f* · Erziehung *f*; Ausbildung *f*

buona educazione ['buɔ:na edukat'tsi̯oːne] · wohlerzogen

l'effetto [ef'fɛtto] *m* · Wirkung *f*; Ergebnis *n*

in effetti [in ef'fɛtti] · in der Tat

per effetto di qc [per ef'fɛtto di ...] · infolge; kraft

fare effetto ['faːre ef'fɛtto] · wirken; Eindruck machen

avere per effetto [a've:re per ef'fɛtto] · bewirken

efficace [effi'kaːtʃe] · wirksam

eguale [e'gu̯aːle] · gleich; gleichmäßig; ebenfalls

egualmente [egu̯al'mente] *adv* · gleich, gleichermaßen

elegante [ele'gante] · elegant; vornehm

l'elemento [ele'mento] *m* · Element *n*, Bestandteil *m*

l'elenco [e'lɛŋko] · Verzeichnis *n*; Liste *f*

l'elenco telefonico [le'lɛŋko tele'fɔːniko] · Telefonbuch *n*

l'elettricità [elettritʃi'ta] *f* · Elektrizität *f*

elettrico, a, *pl* elettrici, elettriche [e'lɛttriko, -a, -tʃi, -ke] · elektrisch

gli elettrodomestici [elettrodo'mɛstitʃi] *pl* · Haushaltsgeräte *n pl*

l'emozione [emot'tsi̯o:ne] *f* — Aufregung *f*, Erregung *f*; Rührung *f*

l'energia [ener'dʒi:a] *f* — Energie *f*

enorme [e'norme] — sehr groß, riesig; enorm
enormemente [enorme'mente] *adv* — außerordentlich

entrare (in/dentro) [en'tra:re (in/'dentro)] — eintreten; betreten
tu non c'entri ['tu nnon 'tʃentri] — du hast damit nichts zu tun
c'entrano solo venti persone ['tʃentrano 'so:lo 'venti per'so:ne] — es haben nur zwanzig Personen Platz

l'entrata [en'tra:ta] *f* — Eingang *m*; Einfahrt *f*; Eintritt(spreis) *m*

entro ['entro] — binnen, in; innerhalb
entro questo mese ['entro 'ku̯esto 'me:se] — im Laufe dieses Monats
entro tre giorni ['entro 'tre d'dʒorni] — innerhalb von drei Tagen

l'entusiasmo [entu'zi̯azmo] *m* — Begeisterung *f*, Enthusiasmus *m*

l'epoca ['ɛ:poka] *f* — Zeitabschnitt *m*; Zeitalter *n*, Epoche *f*
all'epoca di [al'lɛ:poka di] — zur Zeit von

l'erba ['ɛrba] *f* — Gras *n*; Kraut *n*
in erba [i'nɛrba] — jung, grün; *fig* noch unreif; zukünftig

l'errore [er'ro:re] *m* — Irrtum *m*, Fehler *m*; Mißverständnis *n*
errore di stampa [er'ro:re di s'tampa] — Druckfehler *m*
per errore [per er'ro:re] — aus Versehen
commettere un errore [kom'mettere un er'ro:re] — einen Fehler begehen

esagerare [ezadʒe'ra:re] — übertreiben

l'esame [e'za:me] *m* — Prüfung *f*; Untersuchung *f*
sostenere/fare un esame [soste'ne:re/'fa:re un e'za:me] — eine Prüfung ablegen
cadere all'esame [ka'de:re alle'za:me] — durchfallen
superare un esame [supe'ra:re un e'za:me] — eine Prüfung bestehen
prendere in esame ['prɛndere in e'za:me] — in Erwägung ziehen

esaminare [ezami'na:re] — prüfen; untersuchen; erwägen

esatto, a [e'zatto, -a] — genau; pünktlich; sorgfältig

esattamente — genau
[ezatta'mente] *adv*

esclamare [eskla'ma:re] — ausrufen

l'esempio *m, pl* gli esempi — Beispiel *n*; Vorbild *n*
[e'zɛmpio, -i]

per esempio (p. es.) — zum Beispiel (z. B.)
[per e'zɛmpio]

esercitare [ezertʃi'ta:re] — üben; ausüben; betreiben; trainieren

l'esercizio *m, pl* gli esercizi — Übung *f*; Ausübung *f*
[ezer'tʃittsio, -i]

fare esercizio — üben; trainieren
['fa:re ezer'tʃittsio]

esile ['ɛ:zile] — dünn, zart; schmächtig, schwach

l'esistenza [ezis'tɛntsa] *f* — Dasein *n*, Existenz *f*

esistere (esistito) — existieren, vorhanden sein
[e'zistere (ezis'ti:to)]

esitare [ezi'ta:re] — zögern

l'esito ['ɛ:zito] *m* — Ergebnis *n*

l'esperienza [espe'rjɛntsa] *f* — Erfahrung *f*

per esperienza — aus Erfahrung
[per espe'rjɛntsa]

l'esperimento [esperi'mento] *m* — Versuch *m*, Experiment *n*

esporre (esposto) — darlegen; ausstellen; aussetzen
[es'porre (es'posto)]

l'esportazione — Export *m*
[esportat'tsio:ne] *f*

l'esposizione [espozit'tsio:ne] *f* — Ausstellung *f*

l'espressione [espres'sio:ne] *f* — Ausdruck *m*, Redensart *f*

l'espresso [es'prɛsso] *m* — Eilbrief *m*; Espresso *m*

esprimere (espresso) — ausdrücken, zum Ausdruck bringen
[es'pri:mere (es'prɛsso)]

per espresso [per es'prɛsso] — durch Eilboten *(Brief)*

essere (stato) ['ɛssere ('sta:to)] — sein; sich befinden; existieren

il libro è in libreria — das Buch steht im Bücherschrank
[il 'li:bro 'ɛ in libre'ri:a]

il quaderno è sulla scrivania — das Heft liegt auf dem Schreibtisch
[il kua'dɛrno 'ɛ s'sulla skriva'ni:a]

questo libro è mio — dieses Buch gehört mir
['kuesto 'li:bro 'ɛ m'mi:o]

siamo a pagina tre — wir sind auf Seite 3
['sia:mo a p'pa:dʒina 'tre]
non è vero? [no'nɛ v've:ro] — nicht wahr?
è di Genova ['ɛ ddi 'dʒɛ:nova] — er ist aus Genua
c'è, ci sono [tʃɛ, tʃi 'so:no] — es gibt
non c'è di che! — keine Ursache!, nichts zu danken!
[non 'tʃɛ ddi 'ke]
che ne sarà di lui? — was wird aus ihm werden?
['ke nne sa'ra ddi 'lu:i]

l'est [ɛst] *m* — Osten *m*
all'est (di) [al'lɛst (di)] — im Osten, östlich (von)
l'estate [es'ta:te] *f (cf* autunno) — Sommer *m*
esterno, a [es'tɛrno, -a] — äußerer, Außen-
l'esterno [es'tɛrno] *m* — Äußere *n*; Außenseite *f*
estero, a ['ɛstero, -a] — fremd; ausländisch
l'estero ['ɛstero] *m* — Ausland *n*
all'estero [al'lɛstero] — im/ins Ausland
l'estremità [estremi'ta] *f inv* — äußerste Ende *n*
estremo, a [es'trɛ:mo, -a] — äußerst
l'età [e'ta] *f inv* — Alter *n*; Zeitabschnitt *m*
all'età di trent'anni — im Alter von 30 Jahren
[alle'ta ddi tren'tanni]
che età ha? [ke e'ta 'a] — wie alt sind Sie?
eterno, a [e'tɛrno, -a] — ewig
un etto ['ɛtto] — hundert Gramm
evidente [evi'dɛnte] — deutlich, offenbar
evidentemente — offensichtlich
[evidente'mente] *adv*
evitare [evi'ta:re] — vermeiden; ausweichen

F

la fabbrica, *pl* le fabbriche — Fabrik *f*, Werk *n*
['fabbrika, -e]
il fabbricato [fabbri'ka:to] — Gebäude *n*
il facchino [fak'ki:no] — Gepäckträger *m*
la faccia, *pl* le facce — Gesicht *n*; Aussehen *n*; Dreistigkeit *f*
['fattʃa, -e]
a faccia a faccia — unter vier Augen
[a f'fattʃa a f'fattʃa]
di faccia [di 'fattʃa] — gegenüber

facile ['fa:tʃile]   leicht, einfach
  è facile trovare questa via   diese Straße ist leicht zu fin-
  ['ɛ f'fa:tʃile tro'va:re 'kṵesta   den
  'vi:a]
  non è mica una cosa facile   das ist kein Kinderspiel
  [no'nɛ m'mi:ka 'u:na 'kɔ:sa
  'fa:tʃile]
  è facile che ['ɛ f'fa:tʃile ke]   es ist leicht möglich, daß
il falegname [faleɲ'ɲa:me]   Tischler *m*, Schreiner *m*
falso, a ['falso, -a]   falsch; unecht
la fame ['fa:me]   Hunger *m*; Hungersnot *f*
  avere fame [a've:re 'fa:me]   Hunger haben, hungrig sein
la famiglia [fa'miʎʎa]   Familie *f*
familiare [fami'lia:re]   vertraut; familiär
famoso, a [fa'mo:so, -a]   berühmt, bekannt
la fantasia [fanta'zi:a]   Phantasie *f*
fare (fatto) ['fa:re ('fatto)]   tun, machen; lassen, veran-
         lassen; anfertigen

  far vedere ['far ve'de:re]   zeigen
  far venire il medico   den Arzt kommen lassen
  ['far ve'ni:re il 'mɛ:diko]
  fa un tempo meraviglioso   es ist herrliches Wetter
  ['fa un 'tɛmpo meraviʎ'ʎo:so]
  si fa tardi [si 'fa t'tardi]   es wird spät
  due anni fa ['du:e 'anni 'fa]   vor zwei Jahren
  che cosa fa? [ke k'kɔ:sa 'fa]   was machen Sie?
  farsi fare un vestito   sich ein Kleid machen lassen
  ['farsi 'fa:re un ves'ti:to]
  fare il sarto ['fa:re il 'sarto]   (von Beruf) Schneider sein
la farmacia [farma'tʃi:a]   Apotheke *f*
il/la farmacista [farma'tʃista]   Apotheker *m*, Apothekerin *f*
il fastidio, *pl* i fastidi   Ärger *m*
  [fas'ti:dio, -i]
  dare fastidio a qn   jdn belästigen
  ['da:re fas'ti:dio a …]
la fatica, *pl* le fatiche   Mühe *f*, Anstrengung *f*
  [fa'ti:ka, -e]
  a fatica [a ffa'ti:ka]   mühsam
  fare fatica a fare qc   etw nur mit Mühe schaffen
  ['fa:re fa'ti:ka a f'fa:re …]
faticoso, a [fati'ko:so, -a]   mühsam, anstrengend, ermü-
         dend

il fatto ['fatto]   Sache *f*; Tat *f*; Tatsache *f*;
         Ereignis *n*

il fattorino [fatto'ri:no]	Briefträger *m*
il favore [fa'vo:re]	Gefallen *m*, Gefälligkeit *f*
per favore! [per fa'vo:re]	bitte!
a favore di [a ffa'vo:re di]	zugunsten von
mi faccia il favore di dirmi …	sagen Sie mir bitte …
[mi 'fattʃa il fa'vo:re di 'dirmi …]	
favorevole [favo're:vole]	günstig, vorteilhaft
favorire [favo'ri:re]	unterstützen; reichen, geben
favorito, a [favo'ri:to, -a]	bevorzugt; Lieblings-
il fazzoletto [fattso'letto]	Taschentuch *n*; Halstuch *n*
febbraio [feb'bra:io] *m*	Februar *m*
(*cf* agosto)	
la febbre ['fɛbbre]	Fieber *n*
avere la febbre	Fieber haben
[a've:re la 'fɛbbre]	
la fede ['fe:de]	Glaube *m*; Treue *f*; Vertrauen *n*
degno di fede	glaubwürdig
['deɲɲo di 'fe:de]	
fedele [fe'de:le]	treu
una traduzione fedele	eine sinngetreue Übersetzung
['u:na tradut'tsio:ne fe'de:le]	
il/la fedele [fe'de:le]	Gläubige *m/f*
federale [fede'ra:le]	Bundes-
la Repubblica Federale	Bundesrepublik *f*
[la re'pubblika fede'ra:le]	
felice [fe'li:tʃe]	glücklich, froh
felicemente	glücklich
[felitʃe'mente] *adv*	
vivere felicemente	glücklich leben
['vi:vere felitʃe'mente]	
la felicità [felitʃi'ta]	Glück *n*
le ferie ['fɛ:rie] *pl*	Ferien *pl*, Urlaub *m*
ferire [fe'ri:re]	verwunden, verletzen; kränken
si è gravemente ferito	er hat sich schwer verletzt
[si 'ɛ ggrave'mente fe'ri:to]	
fermarsi [fer'marsi]	(an)halten, stehenbleiben
la fermata [fer'ma:ta]	Haltestelle *f*; Aufenthalt *m*; Station *f*
fermo, a ['fermo, -a]	fest, ruhig; standhaft
il mio orologio è fermo	meine Uhr ist stehengeblieben
[il 'mi:o oro'lɔ:dʒo 'ɛ f'fermo]	
il ferro ['fɛrro]	Eisen *n*
ai ferri ['a:i 'fɛrri]	auf dem Rost (gebraten)
la ferrovia [ferro'vi:a]	Eisenbahn *f*

ferroviario [ferro'vi̯a:ri̯o]
   l'orario ferroviario
   [lo'ra:ri̯o ferro'vi̯a:ri̯o]
la festa ['fɛsta]
festeggiare [fested'dʒa:re]
il fiammifero [fi̯am'mi:fero]
il fianco, *pl* i fianchi
   ['fi̯aŋko, -i]
il fiato ['fi̯a:to]
   senza fiato ['sɛntsa 'fi̯a:to]
   in un fiato [in un 'fi̯a:to]
la fiducia [fi'du:tʃa]
   avere fiducia in qn
   [a've:re fi'du:tʃa in ...]

fiero, a (di) ['fi̯ɛ:ro, -a]
il figlio, la figlia ['fiʎʎo, -a]
la figura [fi'gu:ra]
   fare una brutta figura
   ['fa:re 'u:na 'brutta fi'gu:ra]
la fila ['fi:la]
   di fila [di 'fi:la]

   l'ultima fila ['lultima 'fi:la]
   fare la fila ['fa:re la 'fi:la]
   mettersi in fila
   ['mettersi in 'fi:la]

il film [film] *inv*
   film a colori ['film a kko'lo:ri]
   film in bianco e nero
   ['film in 'bi̯aŋko e n'ne:ro]
il filo ['fi:lo]
   il filo spinato [il 'fi:lo spi'na:to]
   perdere il filo ['pɛrdere il 'fi:lo]
finalmente [final'mente]
finché [fiŋ'ke]
   aspetterò finché tu non sia
   tornato [aspette'rɔ ffiŋ'ke t'tu
   nnon 'si:a tor'na:to]
   potete rimanere qui, finché
   volete [po'te:te rima'ne:re 'ku̯i
   fin'ke vvo'le:te]
fine ['fi:ne]
il fine ['fi:ne]
   con qual fine? [kon 'ku̯al 'fi:ne]

Eisenbahn-
(Eisenbahn-)Fahrplan *m*, Kurs-
buch *n*
Feiertag *m*
feiern
Streichholz *n*
Seite *f*; Hüfte *f*

Atem *m*; Hauch *m*; *fig* Kraft *f*
sprachlos
in einem Zug
Vertrauen *n*
jdm trauen, zu jdm Vertrauen
haben

stolz (auf)
Sohn *m*, Tochter *f*
Figur *f*; Aussehen *n*
sich blamieren

Reihe *f*; Rang *m*
ununterbrochen; hintereinander
letzte Reihe *f*
Schlange stehen
sich nebeneinander-/hinter-
einanderstellen

Film *m*
Farbfilm *m*
Schwarzweißfilm *m*

Faden *m*; Garn *n*; Draht *m*
Stacheldraht *m*
den Faden verlieren
schließlich, endlich
bis; solange
ich warte, bis du zurück-
kommst

ihr könnt hier bleiben, solange
ihr wollt

fein; dünn; zart
Zweck *m*; Ziel *n*
zu welchem Zweck?

la fine ['fi:ne]　Ende *n*, Schluß *m*
　alla fine, infine　zuletzt, schließlich
　['alla 'fi:ne, in'fi:ne]
　alla fine di/a fine dicembre　Ende Dezember
　['alla 'fi:ne di/a f'fi:ne
　di'tʃembre]
　alla fine della strada　am Ende der Straße
　['alla 'fi:ne 'della s'tra:da]
la finestra [fi'nɛstra]　Fenster *n*
il finestrino [fines'tri:no]　Wagenfenster *n*
finire (di fare) qc　beenden; aufhören
　[fi'ni:re (di 'fa:re) …]
　finire per fare qc　schließlich etw tun
　[fi'ni:re per 'fa:re …]
　stare per finire　zu Ende gehen
　['sta:re per fi'ni:re]
fino, a ['fi:no, -a]　fein; dünn
fino ['fi:no]　bis
　fino a ['fi:no a]　bis zu
　fino da ['fi:no da]　schon seit
　fino a che ['fi:no a kke]　solange bis
　fino a domani　bis morgen
　['fi:no a ddo'ma:ni]
　fin qui [fiŋ 'kui̯]　bis hier
finora [fi'no:ra]　bis jetzt, bisher
il fiore ['fi̯o:re]　Blume *f*; Blüte *f*
　essere in fiore　blühen
　['ɛssere in 'fi̯o:re]
la firma ['firma]　Unterschrift *f*
firmare [fir'ma:re]　unterschreiben
fissare [fis'sa:re]　festlegen; vereinbaren; anstarren
fisso, a ['fisso, -a]　fest; starr; unveränderlich
　prezzo fisso ['prɛttso 'fisso]　fester Preis *m*
il fiume ['fi̯u:me]　Fluß *m; fig* Strom *m*
la foglia ['fɔʎʎa]　Blatt *n*
　le foglie [le 'fɔʎʎe]　Laub *n*
il foglio, *pl* i fogli ['fɔʎʎo, -i]　Blatt *n*, Bogen *m (Papier)*
la folla ['fɔlla]　Menge *f (Leute)*
folle ['fɔlle]　wahnsinnig, verrückt
la follia [fol'li:a]　Verrücktheit *f*; Wahnsinn *m*
fondare [fon'da:re]　gründen; einrichten
fondere (fuso)　schmelzen; auflösen; auftauen
　['fondere ('fu:zo)]

il fondo ['fondo]	Grund *m*, Boden *m*; Hintergrund *m*; Inhalt *m*
in fondo [in 'fondo]	im Grunde genommen, eigentlich
tutt'in fondo ['tuttin 'fondo]	ganz hinten, ganz unten
la fonte ['fonte]	Brunnen *m*; Quelle *f*; Ursprung *m*, Ursache *f*
le forbici ['fɔrbitʃi] *pl*	Schere *f*
la forchetta [for'ketta]	Gabel *f*
la foresta [fo'rɛsta]	Wald *m*, Forst *m*
la forma ['forma]	Form *f*, Gestalt *f*
essere in forma ['ɛssere in 'forma]	in Form sein
il formaggio, *pl* **i formaggi** [for'maddʒo, -i]	Käse *m*
formare [for'ma:re]	(aus)bilden, erziehen; gestalten
fornire (qc a qn) [for'ni:re]	liefern, beschaffen, besorgen; erteilen *(Auskünfte)*
forse ['forse]	vielleicht
forte ['fɔrte] *adj/adv*	stark, kräftig; dick; scharf; laut
farsi forte di qc ['farsi 'fɔrte di …]	sich auf etw stützen
la fortezza [for'tettsa]	Burg *f*, Festung *f*; Festigkeit *f*
la fortuna [for'tu:na]	Glück *n*; Zufall *m*; Vermögen *n*
portare fortuna a qn [por'ta:re for'tu:na a …]	jdm Glück bringen
avere fortuna [a've:re for'tu:na]	Glück haben
fare fortuna ['fa:re for'tu:na]	sein Glück machen
per fortuna [per for'tu:na]	glücklicherweise
atterraggio di fortuna [atter'raddʒo di for'tu:na]	Notlandung *f*
fortunato, a [fortu'na:to, -a]	glücklich
fortunatamente [fortuna'mente] *adv*	glücklicherweise
la forza ['fortsa]	Kraft *f*, Stärke *f*; Macht *f*; Gewalt *f*
le forze armate [le 'fortse ar'ma:te]	Streitkräfte *f pl*
forza maggiore ['fortsa mad'dʒo:re]	höhere Gewalt *f*
a forza di lavorare [a f'fortsa di lavo'ra:re]	durch viel Arbeit

a viva forza [a v'vi:va 'fɔrtsa]	mit Gewalt, gewaltsam
per forza [per 'fɔrtsa]	notgedrungen, ungern
forza! ['fɔrtsa]	los!
in forza di [in 'fɔrtsa di]	kraft
fotografare [fotogra'fa:re]	fotografieren
la fotografia [fotogra'fi:a],	Foto *n*
la foto ['fɔ:to] *inv*	
fotografia a colori	Farbfoto *n*
[fotogra'fi:a a kko'lo:ri]	
fotografico, a,	Foto-
pl fotografici, fotografiche	
[foto'gra:fiko, -a, -tʃi, -ke]	
la macchina fotografica	Fotoapparat *m*
[la 'makkina foto'gra:fika]	
fra (di) [fra (ddi)]	zwischen; unter; in, binnen; bei
fra di noi [fra ddi 'no:i]	zwischen uns, unter uns
fra otto giorni [fra 'ɔtto 'dʒorni]	in 8 Tagen
fra breve [fra b'brɛ:ve]	in Kürze, bald
fra l'altro [fra l'laltro]	unter anderem
parlare fra sé	mit sich selbst sprechen
[par'la:re fra s'se]	
franco, a, *pl* franchi, franche	frei; offen
['fraŋko, -a, -i, -e]	
franco di porto	portofrei
['fraŋko di 'porto]	
il francobollo fraŋko'bollo]	Briefmarke *f*
un francobollo da settanta	eine Briefmarke zu 70 Lire
Lire [un fraŋko'bollo	
da sset'tanta 'li:re]	
una collezione di francobolli	eine Briefmarkensammlung
['u:na kollet'tsjo:ne di	
fraŋko'bolli]	
la frase ['fra:ze]	Satz *m*
il fratello [fra'tɛllo]	Bruder *m*
freddo, a ['freddo, -a]	kalt, kühl
freddo umido ['freddo 'u:mido]	naßkalt
a sangue freddo	kaltblütig
[a s'saŋɡue 'freddo]	
il freddo ['freddo]	Kälte *f*
avere/sentire freddo	frieren
[a've:re/sen'ti:re 'freddo]	
fa freddo ['fa f'freddo]	es ist kalt
il freno ['fre:no]	Bremse *f*

frequentare [frekuen'ta:re] — verkehren (mit); besuchen *(Schule)*

fresco, a, *pl* freschi, fresche ['fresko, -a, -i, -e] — frisch, kühl

neve fresca ['ne:ve 'freska] — Neuschnee *m*

la fretta ['fretta] — Eile *f*

la fronte ['fronte] — Front *f*; Vorderseite *f*; Stirn *f*

la frontiera [fron'tiɛ:ra] — Grenze *f*

alla frontiera ['alla fron'tiɛ:ra] — an der Grenze

polizia di frontiera [polit'tsi:a di fron'tiɛ:ra] — Grenzpolizei *f*

passare la frontiera [pas'sa:re la fron'tiɛ:ra] — die Grenze überschreiten

la frutta ['frutta] — Obst *n*

il frutto ['frutto] — Frucht *f*; Gewinn *m*

la fuga, *pl* le fughe ['fu:ga, -e] — Flucht *f*

fuggire [fud'dʒi:re] — fliehen, flüchten

fumare [fu'ma:re] — rauchen; dampfen

il fumo ['fu:mo] — Rauch *m*; Dampf *m*

funzionare [funtsio'na:re] — funktionieren

funziona da direttore [fun'tsio:na da ddiret'to:re] — er ist als Direktor tätig

il fuoco, *pl* i fuochi ['fuɔ:ko, -i] — Feuer *n*

fuochi artificiali ['fuɔ:ki artifi't[a:li] — Feuerwerk *n*

fuori ['fuɔ:ri] *prp/adv* — außer; außerhalb; draußen, auswärts; heraus, hinaus

fuori di sé ['fuɔ:ri di 'se] — außer sich

fuori d'uso ['fuɔ:ri 'du:zo] — ungebräuchlich

furbo, a ['furbo, -a] — schlau, listig

furioso, a [fu'rio:so, -a] — rasend, wütend, aufgebracht

G

il gabinetto [gabi'netto] — Kabinett *n*; Regierung *f*; Toilette *f*

la gamba ['gamba] — Bein *n*

la gara ['ga:ra] — Wettkampf *m*

il garage [ga'raʒ] — Garage *f*

il gas [gas] *inv* — Gas *n*

a tutto gas [a t'tutto 'gas] — mit Vollgas

il gatto ['gatto] — Katze *f*

c'erano solo quattro gatti — es waren nur wenige Leute da
['tʃɛːrano 'soːlo 'kʊattro 'gatti]

essere come cani e gatti — wie Hund und Katze leben
['ɛssere 'koːme k'kaːni e g'gatti]

gelare [dʒe'laːre] — frieren, gefrieren

il gelato [dʒe'laːto] — (Speise-)Eis *n*

il gelo ['dʒɛːlo] — Frost *m*

geloso, a [dʒe'loːso, -a] — eifersüchtig

il genere ['dʒɛːnere] — Art *f*; Sorte *f*

gente di ogni genere — die verschiedensten Leute
['dʒɛnte di 'oɲɲi 'dʒɛːnere]

in genere [in 'dʒɛːnere] — im allgemeinen

i genitori [dʒeni'toːri] *pl* — Eltern *pl*

gennaio [dʒen'naːi̯o] *m* — Januar *m*
(*cf* agosto)

la gente ['dʒɛnte] — Leute *pl*

gentile [dʒen'tiːle] — freundlich, nett

gentilmente — freundlich
[dʒentil'mente] *adv*

il gesto ['dʒɛsto] — Geste *f*, Gebärde *f*

il gettone [dʒet'toːne] — (Spiel-)Marke *f*; Telefon-
münze *f*

il ghiaccio, *pl* i ghiacci — Eis *n*
['giattʃo, -i]

già [dʒa] — schon

la giacca, *pl* le giacche — Jacke *f*, Sakko *m*
['dʒakka, -e]

giallo, a ['dʒallo, -a] — gelb

film giallo ['film 'dʒallo] — Kriminalfilm *m*

romanzo giallo — Kriminalroman *m*
[ro'mandzo 'dʒallo]

il giardino [dʒar'diːno] — Garten *m*

giocare [dʒo'kaːre] — spielen

giocare a carte — Karten spielen
[dʒo'kaːre a k'karte]

il gioco, *pl* i giochi ['dʒɔːko, -i] — Spiel *n*

per gioco [per 'dʒɔːko] — aus Spaß

la gioia ['dʒɔːi̯a] — Freude *f*

dare una grande gioia a qn — jdm eine große Freude berei-
['daːre 'uːna 'grande 'dʒɔːi̯a a] ten

il giornale [dʒor'naːle] — Zeitung *f*; Tagebuch *n*

giornaliero, a — täglich, Tages-
[dʒorna'li̯ɛːro, -a]

la giornata [dʒor'na:ta] — Tag *m*
  la giornata di otto ore — Achtstundentag *m*
  [la dʒorna:ta di 'ɔtto 'o:re]
  vivere alla giornata — in den Tag hinein leben
  ['vi:vere 'alla dʒor'na:ta]
  in giornata [in dʒor'na:ta] — im Laufe des Tages
il giorno ['dʒorno] — Tag *m*
  quindici giorni fa — vor 14 Tagen
  ['ku̯inditʃi 'dʒorni 'fa]
  al/il giorno [al/il 'dʒorno] — täglich, am Tag
  al giorno d'oggi — heutzutage
  [al 'dʒorno 'dɔddʒi]
  di giorno in giorno — von Tag zu Tag
  [di 'dʒorno in 'dʒorno]
  giorno per giorno — jeden Tag
  ['dʒorno per 'dʒorno]
  tutto il santo giorno — den lieben langen Tag
  ['tutto il 'santo 'dʒorno]
giovane ['dʒo:vane] — jung
il/la giovane ['dʒo:vane] — junge Mann *m*/Mädchen *n*
giovedì [dʒove'di] *m inv* — Donnerstag *m*
  (*cf* domenica)
la gioventù, la giovinezza — Jugend *f*
  [dʒoven'tu, dʒovi'nettsa]
girare [dʒi'ra:re] — (sich) drehen; wenden
  girare la pagina — umblättern
  [dʒi'ra:re la 'pa:dʒina]
  girare un film — einen Film drehen
  [dʒi'ra:re un 'film]
  giri a destra/sinistra — biegen Sie rechts/links ab
  ['dʒi:ri a d'dɛstra/ssi'nistra]
  ha girato mezzo mondo — er ist viel herumgekommen
  [a ddʒi'ra:to 'mɛddzo 'mondo]
il giro ['dʒi:ro] — Umdrehung *f*; Rundgang *m*; Fahrt *f*; Tour *f*

  in giro [in 'dʒi:ro] — unterwegs
  prendere in giro qn — sich über jdn lustig machen
  ['prɛndere in 'dʒi:ro ...]
la gita ['dʒi:ta] — Ausflug *m*, Fahrt *f*
giù [dʒu] — unten; hinunter
  su e giù ['su e d'dʒu] — auf und ab
  laggiù [lad'dʒu] — dort unten
giugno ['dʒuɲɲo] *m* — Juni *m*
  (*cf* agosto)

giungere (giunto)
['dʒundʒere ('dʒunto)]
  ankommen; gelangen; hinzu-
  kommen

  giungere a tal punto che
  ['dʒundʒere a t'tal 'punto ke]
  so weit kommen, daß

giurare [dʒu'ra:re]
  schwören; versichern

  te lo giuro [te lo 'dʒu:ro]
  ich versichere es dir

la giustizia [dʒus'tittsia]
  Gerechtigkeit *f*; Justiz *f*

  il Palazzo di Giustizia
  [il pa'lattso di dʒus'tittsia]
  Justizpalast *m*

  agire con giustizia
  [a'dʒi:re kon dʒus'tittsia]
  gerecht handeln

giusto, a ['dʒusto, -a]
  richtig; gerecht; treffend, passend

  al momento giusto
  [al mo'mento 'dʒusto]
  im rechten Augenblick

  è arrivato giusto ora
  [ε arri'va:to 'dʒusto 'o:ra]
  er ist soeben angekommen

  questa è la parola giusta
  ['kwesta 'ε lla pa'ro:la 'dʒusta]
  das ist das passende Wort

  è giusto ['ε d'dʒusto]
  es stimmt

la gloria ['glo:ria]
  Ruhm *m*

la goccia, *pl* le gocce
['gottʃa, -e]
  Tropfen *m*

godere [go'de:re]
  genießen, sich erfreuen

  godersi [go'dersi]
  genießen

la gola ['go:la]
  Kehle *f*

la gomma ['gomma]
  Gummi *n*; Reifen *m (Auto)*

la gonna ['gonna]
  Rock *m*

il governo [go'vεrno]
  Regierung *f*

  formare/costituire il govero
  [for'ma:re/kostitu'i:re il
  go'vεrno]
  die Regierung bilden

il grado ['gra:do]
  Grad *m*

  40 gradi all'ombra
  [… 'gra:di al'lombra]
  40 Grad im Schatten

il grado ['gra:do]
  Belieben *n*, Gutdünken *n*

  di buon grado
  [di 'buɔŋ 'gra:do]
  gerne

grande ['grande]
  groß

il grano ['gra:no]
  Korn *n*; Getreide *n*; Weizen *m*

grasso, a ['grasso, -a]
  fett; fettig

grave ['gra:ve]
  schwer, ernst, schlimm

  un incidente molto grave
  [un intʃi'dεnte 'molto 'gra:ve]
  ein sehr schwerer Unfall

una voce grave
['u:na 'vo:tʃe 'gra:ve]
eine tiefe Stimme

un errore grave
[un er'ro:re 'gra:ve]
ein schwerer Fehler

la grazia ['grattsia]
Gnade *f*, Gunst *f*; Begnadigung *f*; Anmut *f*, Reiz *m*

grazie (di/per)
['grattsie (di/per)]
danke (für)

tante grazie!, grazie mille!
['tante 'grattsie, 'grattsie 'mille]
danke vielmals!

grazie a Dio!
['grattsie a d'di:o]
Gott sei Dank!

gridare [gri'da:re]
schreien; rufen

gridare aiuto [gri'da:re a'iu:to]
um Hilfe rufen

gridare qn [gri'da:re …]
jdn ausschelten, beschimpfen

il grido, *pl* le grida, i gridi
['gri:do, -a, -i]
Schrei *m (Mensch, Tier)*; Ruf *m*

gettare un grido
[dʒet'ta:re uŋ 'gri:do]
einen Schrei ausstoßen

grigio, a, *pl* grigi, grige
['gri:dʒo, -a, -i, -e]
grau; trübe *(Wetter)*

grigio chiaro/scuro
['gri:dʒo 'kia:ro/s'ku:ro]
hell-/dunkelgrau

grosso, a ['grɔsso, -a]
dick; groß; grob

una grossa somma
['u:na 'grɔssa 'somma]
eine große Summe

il gruppo ['gruppo]
Gruppe *f*

a gruppi [a g'gruppi]
gruppenweise

guadagnare [guadaɲ'ɲa:re]
verdienen; gewinnen

guadagnarsi la vita
[guadaɲ'ɲarsi la 'vi:ta]
seinen Lebensunterhalt verdienen

guardare [guar'da:re]
schauen, anschauen; aufpassen, achten (auf)

guardi! ['guardi]
schauen Sie mal!

stare a guardare
['sta:re a gguar'da:re]
zuschauen

guardarsi (da) [guar'darsi (da)]
sich hüten (vor), meiden

la guardia ['guardia]
Wache *f*; Wächter *m*, Wärter *m*

guarire [gua'ri:re]
heilen; genesen

guasto, a ['guasto, -a]
verdorben

il guasto ['guasto]
Schaden *m*; Panne *f*

la guerra ['guɛrra]
Krieg *m*; Kampf *m*; Streit *m*

fare la guerra (a/contro)
['fa:re la 'guɛrra (a/'kontro)]
bekämpfen, Krieg führen (gegen)

la guida ['gui:da]
Führer *m*; Fahrer *m*; Führung *f*

fare da guida a qn
jdn führen, jdm als Führer dienen

['fa:re da g'gui:da a ...]

una guida dell' Italia
ein Italienführer

['u:na 'gui:da delli'ta:lia]

prendere lezioni di guida
Fahrstunden nehmen

['prɛndere let'tsio:ni di 'gui:da]

la guida del telefono
Telefonbuch *n*

[la 'gui:da del te'lɛ:fono]

guidare [gui'da:re]
führen, lenken; fahren *(Auto)*

il gusto (per) ['gusto (per)]
Geschmack *m*; Freude *f*, Gefallen *n* (an)

ci provò gusto
er hatte Vergnügen daran

[tʃi pro'vɔ g'gusto]

di buon gusto [di 'buɔn 'gusto]
geschmackvoll

senza gusto ['sɛntsa 'gusto]
geschmacklos

I

l'idea [i'dɛ:a]
Idee *f*; Begriff *m*, Vorstellung *f*

non ho la minima idea, non
ich habe nicht die geringste
ho la più pallida idea
    Ahnung

[no'nɔ lla 'mi:nima i'dɛ:a, no'nɔ
lla piu p'pallida i'dɛ:a]

neanche per idea
nicht einmal im Traum, nicht

[ne'aŋke per i'dɛ:a]
    im geringsten

l'identità [identi'ta] *inv*
Identität *f*

carta d'identità
Personalausweis *m*

['karta didenti'ta]

ieri ['iɛ:ri]
gestern

l'altro ieri, ier l'altro
vorgestern

['laltro 'iɛ:ri, ier 'laltro]

ieri mattina/sera
gestern morgen/abend

['iɛ:ri mat'ti:na/'se:ra]

illuminare [illumi'na:re]
beleuchten

imitare [imi'ta:re]
nachahmen

immaginare [immadʒi'na:re]
sich etw vorstellen, ausdenken

immaginarsi qc
sich etw einbilden; sich etw

[immadʒi'narsi ...]
    vorstellen

s'immagini! [sim'ma:dʒini]
aber ich bitte Sie!;
    keine Ursache!

l'immagine [im'ma:dʒine] *f* — Bild *n*
farsi un immagine di qc — sich eine Vorstellung von etw
['farsi un im'ma:dʒine di …] — machen
immediato, a [imme'di̯a:to, -a] — unmittelbar
immediatamente — unmittelbar, sofort
[immedi̯ata'mente] *adv*

immenso, a [im'mɛnso, -a] — unermeßlich, riesig, gewaltig
immobile [im'mɔ:bile] — unbeweglich
imparare [impa'ra:re] — lernen, erlernen
impedire [impe'di:re] — hindern, verhindern; hemmen;
— versperren *(Weg)*

l'impegno [im'peɲɲo] *m* — Verpflichtung *f*; Fleiß *m*,
— Eifer *m*, Einsatz *m*

impermeabile [imperme'a:bile] — undurchdringlich; wasser-
— dicht, luftdicht

impermeabile alla luce — lichtundurchlässig
[imperme'a:bile 'alla 'lu:tʃe]
l'impermeabile — Regenmantel *m*
[imperme'a:bile] *m*
impiegare [impi̯e'ga:re] — beschäftigen; anwenden, ver-
— wenden

impiegare qn — jdn einstellen
[impi̯e'ga:re …]
impiegato, a [impi̯e'ga:to, -a] — angestellt
l'impiegato *m*, **l'impiegata** *f* — Angestellte *m, f*
[impi̯e'ga:to, -a]

imporre (imposto) — aufzwingen, auferlegen;
[im'porre (im'posto)] — durchsetzen *(Willen)*;
— geben *(Namen)*

importante [impor'tante] — bedeutend, wichtig
l'importanza — Bedeutung *f*
[impor'tantsa] *f*
importare [impor'ta:re] — wichtig sein; einführen
— *(Waren)*

m'importa molto che ci sia — es liegt mir viel daran, daß du
anche tu [mim'pɔrta 'molto — auch dabei bist
ke ttʃi 'si:a 'aŋke 'tu]
non importa nulla/niente — es ist völlig unwichtig, es hat
[non im'pɔrta 'nulla/'ni̯ɛnte] — nichts zu bedeuten
impossibile [impos'si:bile] — unmöglich
è impossibile che venga — er kann unmöglich kommen
['ɛ impos'si:bile ke v'vɛŋga]
pare impossibile! — man sollte es kaum für mög-
['pa:re impos'si:bile] — lich halten!

ciò/questo è (materialmente)   das ist ein Ding der Unmög-
impossibile ['tʃɔ/'kuesto 'ɛ   lichkeit
(mmaterial'mente) impos'si:bile]

l'imposta [im'posta] *f*   Steuer *f*

impostare [impos'ta:re]   einwerfen *(Brief)*

l'impressione [impres'sio:ne] *f*   Eindruck *m*; Druck *m*; Auflage *f*
mi ha fatto una buona/cattiva   er hat einen guten/schlechten
impressione   Eindruck auf mich gemacht
[mi a f'fatto 'u:na 'buo:na/
kat'ti:va impres'sio:ne]

improvviso, a [improv'vi:zo, -a]   plötzlich
all'improvviso [allimpro'vi:zo]   unversehens

in [in]   in; auf; zu; nach; an; inner-
      halb; mit; bei; aus

in Italia [in i'ta:lia]   in/nach Italien
in nome di [in 'no:me di]   im Namen von
in tedesco [in te'desko]   auf deutsch, ins Deutsche
in campagna [iŋ kam'paɲɲa]   auf dem Land, aufs Land
in braccio [im 'brattʃo]   auf dem Arm
in regalo [in re'ga:lo]   zum/als Geschenk
in lui, se fossi in lui   an seiner Stelle
[in 'lu:i, se f'fosse in 'lu:i]
in un anno [in u'nanno]   innerhalb eines Jahres
in auto [i'na:uto]   mit dem Auto
in quale occasione?   bei welcher Gelegenheit?
[iŋ 'kua:le okka'zio:ne]
nell'uscire [nelluʃ'ʃi:re]   beim Weggehen
in che cosa sta/consiste   worin besteht
[iŋ ke k'kɔ:sa s'ta/kon'siste]

incapace (di) [iŋka'pa:tʃe (di)]   unfähig, außerstande (zu)

incaricare (qn di qc)   jdn beauftragen (mit)
[iŋkari'ka:re (... di ...)]
incaricarsi di qc   etw übernehmen, etw auf sich
[iŋkari'karsi di ...]   nehmen

l'incarico *m, pl* gli incarichi   Auftrag *m*, Aufgabe *f*
[iŋ'ka:riko, -i]
per incarico di   im Auftrag von
[per iŋ'ka:riko di]

l'incidente [intʃi'dɛnte] *m*   Unfall *m*, Unglück *n*; Vorfall *m*

incontrare [iŋkon'tra:re]   begegnen, treffen
incontrarsi con qn   jdm begegnen, sich mit jdm
[iŋkon'trarsi con ...]   treffen
l'ho incontrato alla stazione   ich habe ihn am Bahnhof
[lɔ iŋkon'tra:to 'alla stat'tsio:ne]   getroffen

incontro [iŋˈkontro] *prp/adv* — entgegen; gegenüber

l'incontro [iŋˈkontro] *m* — Begegnung *f*; Zusammen-
kunft *f*; Wettkampf *m* (*Sport*)

l'incrocio *m*, *pl* gli incroci — Kreuzung *f*
[iŋˈkro:tʃo, -i]

l'indennità [indenniˈta] *f inv* — Entschädigung *f*; Zulage *f*
l'indennità malattie — Krankengeld *n*
[lindenniˈta malatˈti:e]

indicare [indiˈka:re] — zeigen, angeben; hinweisen
indicare la strada per — den Weg zu/nach ... zeigen
[indiˈka:re la sˈtra:da per]

l'indice [ˈinditʃe] *m* — Zeigefinger *m*; Inhaltsver-
zeichnis *n*; Index *m*

indietro [inˈdiɛ:tro] — zurück; rückwärts
molto indietro — weit zurück
[ˈmolto inˈdiɛ:tro]
rimanere indietro — zurückbleiben
[rimaˈne:re inˈdiɛ:tro]
tornare indietro — umkehren, zurückkehren
[torˈna:re inˈdiɛ:tro]
non resti indietro! — bleiben Sie nicht zurück!
[non ˈrɛsti inˈdiɛ:tro]

indirizzare (a) [indiritˈtsa:re (a)] — adressieren; richten (an)
indirizzarsi a qn — sich an jdn wenden
[indiritˈtsarsi a ...]

l'indirizzo [indiˈrittso] *m* — Adresse *f*; Richtung *f*
l'individuo [indiˈvi:duo] *m* — Person *f*, Individuum *n*
l'industria [inˈdustria] *f* — Industrie *f*
industriale [indusˈtria:le] — Industrie-
città industriale — Industriestadt *f*
[tʃitˈta indusˈtria:le]

l'infanzia [inˈfantsia] *f* — Kindheit *f*
infatti [inˈfatti] — in der Tat, tatsächlich
indossare [indosˈsa:re] — anziehen; anhaben, tragen
inferiore [infeˈrio:re] — niedriger; geringer; minder-
wertig; unterlegen

inferiore di numero — in der Minderheit
[infeˈrio:re di ˈnu:mero]
molto inferiore alle aspet- — weit hinter den Erwartungen
tative [ˈmolto infeˈrio:re — zurück
ˈalle aspetˈta:tive]
di qualità inferiore — minderer Qualität
[di kualiˈta infeˈrio:re]

l'inferiore [infeˈrio:re] *m/f* — Untergebene *m/f*

l'infermiere *m*, **l'infermiera** *f* Krankenpfleger *m*, Kranken-
[infer'miɛ:re, -a] schwester *f*
infine [in'fi:ne] endlich, schließlich
infinito, a [infi'ni:to, -a] unendlich; endlos
l'infinito [infi'ni:to] *m* Unendliche *n*
all'infinito [allinfi'ni:to] ins Unendliche
informare [infor'ma:re] informieren, unterrichten
informarsi [infor'marsi] sich erkundigen
l'informazione Information *f*, Auskunft *f*
[informat'tsio:ne] *f*
l'infortunio *m*, *pl* gli infortuni Unfall *m*
[infor'tu:nio, -i]
l'infortunio sul lavoro Arbeitsunfall *m*
[linfor'tu:nio sul la'vo:ro]
ingannare [iŋgan'na:re] täuschen; betrügen; vertreiben *(Zeit)*
ingannarsi (in qc) sich irren (in etw)
[iŋgan'narsi (in …)]
ingannarsi sul conto di qn sich in jdm täuschen
[iŋgan'narsi sul 'konto di …]
se non m'inganno wenn ich mich nicht irre
[se nnon miŋ'ganno]
l'ingresso [iŋ'grɛsso] *m* Eingang *m*; Einfahrt *f*; Ein-
  tritt(spreis) *m*
l'inizio *m*, *pl* gli inizi Anfang *m*
[i'nittsio, -i]
all'inizio [alli'nittsio] anfangs
all'inizio di settembre Anfang September
[alli'nittsio di set'tɛmbre]
innamorarsi [innamo'rarsi] sich verlieben
innamorato, a verliebt
[innamo'ra:to, -a]
l'innamorato *m*, **l'innamorata** *f* Verliebte *m*, *f*
[innamo'ra:to, -a]
inoltre [i'noltre] außerdem, darüber hinaus
inquieto, a [iŋ'kuiɛ:to, -a] unruhig, beunruhigt
sono inquieto per il suo ich bin über sein Schweigen
silenzio ['so:no iŋ'kuiɛ:to besorgt
per il 'su:o si'lɛntsio]
l'inquietudine [iŋkuie'tu:dine] *f* Unruhe *f*; Besorgnis *f*
l'insalata [insa'la:ta] *f* Salat *m*
insegnare [inseɲ'ɲa:re] lehren; unterrichten
insieme [in'siɛ:me] zusammen; zugleich
l'insieme [in'siɛ:me] *m* Ganze *n*

insistere (su qc) (insistito)
[in'sistere (su …)] (insis'ti:to)]
non insistiamo!
[non insis'tia:mo]

(auf etw) bestehen, beharren

lassen wir das!

insomma [in'somma]
intanto [in'tanto]
intelligente [intelli'dʒɛnte]
l'intelligenza [intelli'dʒɛntsa] *f*

kurz (und gut), also
inzwischen
intelligent, klug
Intelligenz *f*, Verstand *m*, Klug-
  heit *f*

intendere (inteso)
[in'tɛndere (in'te:so)]
*che cosa intende dire
(con ciò)?* [ke k'kɔ:sa
in'tɛnde 'di:re (kon 'tʃɔ)]

verstehen, begreifen; hören;
  meinen; beabsichtigen
was meinen Sie damit?

s'intende! [sin'tɛnde]
inteso! [in'te:so]
intendiamoci!
[inten'dia:motʃi]
che cosa s'intende per
[ke k'kɔ:sa sin'tɛnde per]
non me ne intendo
[nom me ne in'tɛndo]
intendersi di qc
[in'tɛndersi di …]

selbstverständlich!
abgemacht!
verstehen wir uns recht!

was versteht man unter

ich verstehe nichts davon

sich in etw auskennen, sich
  auf etw verstehen

l'intenzione [inten'tsio:ne] *f*
avere l'intenzione (di)
[a've:re linten'tsio:ne (di)]
con intenzione
[kon inten'tsio:ne]
senza intenzione
['sɛntsa inten'tsio:ne]
con le migliori intenzioni
[kon le miʎ'ʎo:ri inten'tsio:ni]
non era mia intenzione
[no'nɛ:ra 'mi:a inten'tsio:ne]

Absicht *f*; Vorhaben *n*
beabsichtigen, vorhaben (zu)

absichtlich

unabsichtlich

in bester Absicht

so habe ich es nicht gemeint,
  das war nicht meine Absicht

interessante [interes'sante]
interessare [interes'sa:re]
interessarsi di/per
[interes'sarsi di/per]
l'interesse [inte'rɛsse] *m*
per interesse [per inte'rɛsse]

interessant
interessieren
sich interessieren für

Interesse *n*; Vorteil *m*; Zins *m*
aus Interesse; aus Berech-
  nung

senza interesse
['sɛntsa inte'rɛsse]

ohne Interesse

per il tuo/nel tuo interesse	zu deinem Besten
[per il 'tu:o inte'rɛsse, . nel 'tu:o inte'rɛsse]	
interno, a [in'tɛrno, -a]	innere, Innen-
internamente	innen
[interna'mente] *adv*	
l'interno [in'tɛrno] *m*	Innere *n*
intero, a [in'te:ro, -a]	ganz, vollständig, völlig
l'interprete [in'tɛrprete] *m/f*	Dolmetscher/in *m/f*
interrogare (in/su)	fragen, befragen; prüfen (in/ über); verhören
[interro'ga:re (in/su)]	
interrompere (interrotto)	unterbrechen; stören
[inter'rompere (inter'rotto)]	
intimo, a ['intimo, -a]	intim, vertraut; innig, eng
amico intimo	enger Freund
[a'mi:ko 'intimo]	
intorno [in'torno] *adv/prp*	(rings)herum; um ... herum; ungefähr
introdurre (introdotto)	einführen; einwerfen *(Münze)*
[intro'durre (intro'dotto)]	
inutile [i'nu:tile]	nutzlos, unbrauchbar; über- flüssig; vergeblich
inutilmente [inutil'mente] *adv*	vergebens, umsonst
l'invalidità [invalidi'ta] *f*	Invalidität *f*
l'invalidità al lavoro	Arbeitsunfähigkeit *f*
[linvalidi'ta al la'vo:re]	
invano [in'va:no]	umsonst, vergeblich
invece di [in've:tʃe di]	anstatt
l'inverno [in'vɛrno] *m*	Winter *m*
(cf autunno)	
inviare [invi'a:re]	schicken, senden
l'invidia [in'vi:dia] *f*	Neid *m*, Mißgunst *f*
degno d'invidia	beneidenswert
['deɲɲo din'vi:dia]	
per invidia [per in'vi:dia]	aus Neid
invitare (a) [invi'ta:re (a)]	einladen, auffordern (zu)
l'invito [in'vi:to] *m*	Einladung *f*
io, me, mi ['i:o, me, mi]	ich; mich, mir
per me [per 'me]	für mich
povero me! ['po:vero 'me]	ich Armer!
mi piace [mi 'pia:tʃe]	es gefällt mir
iscrivere (iscritto)	einschreiben
[is'kri:vere (is'kritto)]	
iscriversi [is'kri:versi]	sich einschreiben

iscriversi ad un corso [is'kri:versi ad uŋ 'korso]	einen Kurs belegen
l'isola ['i:zola] *f*	Insel *f*
l'istante [is'tante] *m*	Augenblick *m*, Moment *m*
all'istante [allis'tante]	sofort, gerade, soeben
un istante, per favore! [un is'tante per fa'vo:re]	einen Augenblick bitte
l'istruzione [istrut'tsịo:ne] *f*	Unterricht *m*; Anweisung *f*, Vorschrift *f*
l'Italia [i'ta:lịa] *f*	Italien
italiano, a [ita'lịa:no, -a]	italienisch
l'Italiano *m*, **l'Italiana** *f* [ita'lịa:no, -a]	Italiener *m*, Italienerin *f*
l'italiano [ita'lịa:no] *m*	Italienische *n*, italienische Sprache *f*
in italiano [in ita'lịa:no]	auf italienisch
un corso d'italiano [uŋ 'korso dita'lịa:no]	ein Italienischkurs
parlare italiano [par'la:re ita'lịa:no]	italienisch sprechen
capisce l'italiano? [ka'piʃʃe lita'lịa:no]	verstehen Sie Italienisch?

L

là [la]	da, dort; dahin, dorthin
là dentro [la d'dentro]	dort drinnen; hinein
al di là di/da [al di 'la ddi/dda]	jenseits
fin là [fin 'la]	bis dahin, so weit
il labbro, *pl* le labbre ['labbro, -e]	Lippe *f*
la lacrima ['la:krima]	Träne *f*
con le lacrime agli occhi [kon le 'la:krime aʎ'ʎɔkki]	mit Tränen in den Augen
il ladro ['la:dro]	Dieb *m*
laggiù [lad'dʒu]	dort; da unten/hinunter
il lago, *pl* i laghi ['la:go, -i]	See *m*
il Lago di Como [il 'la:go di 'kɔ:mo]	Comersee *m*
lamentare [lamen'ta:re]	beklagen; klagen
lamentarsi (di) [lamen'tarsi (di)]	sich beklagen (über)

la lampada ['lampada] — Lampe *f*

il lampo ['lampo] — Blitz *m*; Augenblick *m*

in un lampo [in un 'lampo] — im Nu, in einem Augenblick

la lana ['la:na] — Wolle *f*

lanciare [lan'tʃa:re] — werfen, schleudern

largo, a, *pl* larghi, larghe ['largo, -a, -i, -e] — breit; weit, ausgedehnt

essere largo due metri ['ɛssere 'largo 'du:e 'mɛ:tri] — 2 Meter breit sein

lasciare [laʃ'ʃa:re] — lassen

lassù [las'su] — da oben/hinauf

il lato ['la:to] — Seite *f*; (Charakter-)Zug *m*

il latte ['latte] — Milch *f*

lavare [la'va:re] — waschen

lavarsi le mani [la'varsi le 'ma:ni] — sich aus der Affäre ziehen

lavorare [lavo'ra:re] — arbeiten

il lavoratore, la lavoratrice [lavora'to:re], lavora'tri:tʃe] — Arbeiter *m*, Arbeiterin *f*

il lavoro [la'vo:ro] — Arbeit *f*, Werk *n*

mettersi al lavoro ['mettersi al la'vo:ro] — sich an die Arbeit machen

legale [le'ga:le] — gesetzmäßig, legal

il legale [le'ga:le] — Rechtsanwalt *m*

legare (a) [le'ga:re (a)] — binden (an); verbinden (mit)

la legge ['leddʒe] — Gesetz *n*; Recht *n*; Gebot *n*

contrario alla legge [kon'tra:rio 'alla 'leddʒe] — gesetzwidrig

secondo la legge [se'kondo la 'leddʒe] — gesetzmäßig

leggere (qc a qn) (letto) ['lɛddʒere (... a ...) ('lɛtto)] — lesen; (jdm etw) vorlesen

leggero, a [led'dʒɛ:ro] — leicht; leichtfertig

un pasto leggero [um 'pasto led'dʒɛ:ro] — eine leichte Mahlzeit

legittimo, a [le'dʒittimo, -a] — legitim, gesetzlich

il legno ['leɲɲo] — Holz n

lei/Lei, le, la ['lɛːi, le, la] — sie *pron f*, ihr; Sie *sing*, Ihnen

lento, a ['lɛnto, -a] — langsam

lentamente [lenta'mente] *adv* — langsam

la lettera ['lɛttera] — Brief *m*; Buchstabe *m*

cassetta delle lettere [kas'setta 'delle 'lɛttere] — Briefkasten *m*

carta da lettere — Briefpapier *n*
['karta da l'lɛttere]
alla lettera ['alla 'lɛttere] — wörtlich
il letto ['lɛtto] — Bett *n*
letto matrimoniale — Ehebett *n*, Doppelbett *n*
['lɛtto matrimo'nia:le]
andare a letto — zu Bett gehen
[an'da:re a l'lɛtto]
levare [le'va:re] — aufheben, erheben; wegnehmen
levarsi [le'varsi] — aufstehen; aufgehen *(Sonne)*
levarsi il vestito — das Kleid ausziehen
[le'varsi il ves'ti:to]
la lezione [let'tsio:ne] — Lektion *f*; Unterrichtsstunde *f*
durante la lezione — während des Unterrichts
[du'rante la let'tsio:ne]
lì [li] — dort, da
lì per lì ['li pper 'li] — sofort, auf der Stelle
giù di lì ['dʒu ddi 'li] — ungefähr
liberare [libe'ra:re] — befreien
liberarsi (da) [libe'rarsi (da)] — sich befreien (von); sich entledigen
libero, a ['li:bero, -a] — frei
la libertà [liber'ta] *inv* — Freiheit *f*
la libreria [libre'ri:a] — Buchhandlung *f*; Bücherschrank *m*
il libro ['li:bro] — Buch *n*
libro di scuola — Schulbuch *n*
['li:bro di s'kuɔ:la]
lieto, a ['liɛ:to, -a] — fröhlich, heiter
il limone [li'mo:ne] — Zitrone *f*
la linea ['li:nea] — Linie *f*, Zeile *f*; Reihe *f*; Strecke *f*
in linea di massima — grundsätzlich
[in 'li:nea di 'massima]
in prima linea — in erster Linie, hauptsächlich
[im 'pri:ma 'li:nea]
la lingua ['lingua] — Zunge *f*; Sprache *f*
una lingua straniera — eine Fremdsprache
['u:na 'lingua stra'niɛ:ra]
la lira ['li:ra] — Lire *f*
la lista ['lista] — Liste *f*
la lista dei vini — Weinkarte *f*
[la 'lista 'de:i 'vi:ni]

litigare [liti'ga:re] — streiten
il litro ['li:tro] — Liter *m*
un litro di vino — ein Liter Wein
[un 'li:tro di 'vi:no]
locale [lo'ka:le] — örtlich, Orts-, Lokal-
il locale [lo'ka:le] — Lokal *n*
lontano, a [lon'ta:no, -a] — entfernt; abgelegen, weit
lontano [lon'ta:no] *adv* — entfernt, fern
lontano da [lon'ta:no da] — (weit) entfernt von
da lontano [da llon'ta:no] — von weitem, von weit her
abita molto lontano? — wohnen Sie sehr weit (weg)
['a:bita 'molto lon'ta:no]
lordo, a ['lordo, -a] — schmutzig; Brutto-
il salario lordo — Bruttolohn *m*
[il sa'la:rio 'lordo]
loro/Loro, li, le ['lɔ:ro, li, le] — sie/Sie *pron pl*; ihnen/Ihnen; ihr/Ihr
la lotta ['lɔtta] — Kampf *m*; Wettkampf *m*
la luce ['lu:tʃe] — Licht *n*; Beleuchtung *f*
resistente alla luce — lichtecht
[resis'tɛnte 'alla 'lu:tʃe]
luglio ['luʎʎo] *m* (*cf* agosto) — Juli *m*
lui, gli, lo ['lu:i, ʎi, lo] — ihn; ihm
a lui [a l'lu:i] — ihm
glielo dico ['ʎe:lo 'di:ko] — ich sage es ihm
la luna ['lu:na] — Mond *m*
la luna piena/nuova — Voll-/Neumond *m*
[la 'lu:na 'piɛ:na/'nuɔ:va]
la luna splende — der Mond scheint
[la 'lu:na s'plɛnde]
lunedì [lune'di] *m/inv* — Montag *m*
(*cf* domenica)
lungo, a, *pl* lunghi, lunghe — lang
['luŋgo, -a, -i, -e]
questo palazzo è lungo cento metri — dieser Palast ist hundert Meter lang
['kuesto pa'lattso 'ɛ l'luŋgo 'tʃɛnto 'mɛ:tri]
lungo ['luŋgo] *prp/adv* — längs; entlang; lang
lungo la riva ['luŋgo la 'ri:va] — am Ufer entlang
il lungomare [il luŋgo'ma:re] — Strandpromenade *f*
il luogo, *pl* i luoghi ['luɔ:go, -i] — Ort *m*, Stelle *f*
al luogo di [al 'luɔ:go di] — statt, anstatt
in ogni luogo [i'noɲɲi 'luɔ:go] — überall

in nessun luogo [in nes'sun 'luɔ:go]	nirgends
in qualche luogo [iŋ 'kualke l'luɔ:go]	irgendwo
in primo luogo [im 'pri:mo 'luɔ:go]	erstens
avere luogo [a've:re 'luɔ:go]	stattfinden

M

ma [ma]	aber; sondern
la macchia ['makkia]	Fleck(en) *m*
la macchina ['makkina]	Maschine *f*; Auto *n*
macchina fotografica ['makkina foto'gra:fika]	Fotoapparat *m*
macchina da scrivere ['makkina da s'kri:vere]	Schreibmaschine *f*
andare in macchina [an'da:re im 'makkina]	mit dem Auto fahren
il macellaio, *pl* i macellai [matʃel'la:io, -i]	Metzger *m*
la madre ['ma:dre]	Mutter *f*
il maestro, la maestra [ma'ɛstro, -a]	Lehrer *m*, Lehrerin *f*
magari [ma'ga:ri] *adv/conj*	eher, lieber; vielleicht; auch wenn
oggi no, magari domani ['ɔddʒi 'nɔ, ma'ga:ri do'ma:ni]	heute nicht, vielleicht/eher morgen
magari! [ma'ga:ri]	und ob!
il magazzino [magad'dzi:no]	Lager *n*
il grande magazzino [il 'grande magad'dzi:no]	Warenhaus *n*
maggio ['maddʒo] *m* (*cf* agosto)	Mai *m*
la maglia ['maʎʎa]	Masche *f*; Unterhemd *n*; Trikot *n*
magnifico, a, *pl* magnifici, magnifiche [maɲ'ɲi:fiko, -a, -tʃi, -ke]	herrlich, großartig
magro, a ['ma:gro, -a]	mager
mai ['ma:i]	nie; je, jemals
mai più! ['ma:i 'piu]	nie wieder!, nie mehr!

meglio che mai besser denn je
['mɛʎʎo ke m'ma:i]
mai e poi mai nie und nimmer
['mai: e p'pɔ:i 'ma:i]
come mai? ['ko:me m'ma:i] wieso (denn)?
quanto mai ['ku̯anto 'ma:i] mehr denn je, wie noch nie
quanto mai ricco außerordentlich reich
['ku̯anto 'ma:i 'rikko]
non la vedo mai ich sehe sie nie
[non la 've:do 'ma:i]
il maiale [ma'ia:le] Schwein *n*
malato, a [ma'la:to, -a] krank
è malato di cuore er ist herzkrank
['ɛ mma'la:to di 'ku̯ɔ:re]
cadere malato erkranken, krank werden
[ka'de:re ma'la:to]
il malato, la malata Kranke *m/f*
[ma'la:to, -a]
la malattia [malat'ti:a] Krankheit *f*
di che malattia è morto? woran ist er gestorben?
[di 'ke mmalat'ti:a ɛ m'mɔrto]
male ['ma:le] *adv* schlecht; schlimm; böse; übel
mi sento male mir ist übel, ich fühle mich
[mi 'sɛnto 'ma:le] nicht wohl
ha detto male di lui er hat schlecht über ihn gere-
[a d'detto 'ma:le di 'lu:i] det
il male ['ma:le] Böse *n*, Schlechte *n*;
  Schmerz *m*, Krankheit *f*,
  Leiden *n*

mi fa male [mi 'fa m'ma:le] es tut mir weh; es schadet mir
mal di testa ['mal di 'tɛsta] Kopfschmerzen *m pl*
mal di stomaco Magenschmerzen *m pl*
['mal di s'tɔ:mako]
mal di mare ['mal di 'ma:re] Seekrankheit *f*
malgrado (di, a) trotz
[mal'gra:do (di, a)]
malgrado ciò [mal'gra:do 'tʃɔ] trotzdem
mio malgrado gegen meinen Willen
['mi:o mal'gra:do]
maligno, a [ma'liɲɲo, -a] boshaft; bösartig *(Krankheit)*
la mamma ['mamma] Mutter *f*, Mama *f*
la mancanza [maɲ'kantsa] Mangel *m*
per mancanza di tempo aus Zeitmangel
[per maɲ'kantsa di 'tɛmpo]

mancare [maŋˈkaːre] fehlen; versäumen

mi mancano i soldi es fehlt mir an Geld
[mi ˈmaŋkano i ˈsɔldi]

manca la corrente es ist kein Strom da
[ˈmaŋka la korˈrɛnte]

mi è mancato il tempo ich habe keine Zeit gehabt
[mi ɛ mmaŋˈkaːto il ˈtɛmpo]

ho mancato [ɔ mmaŋˈkaːto] ich habe es falsch gemacht

la mancia, *pl* le mance Trinkgeld *n*
[ˈmantʃa, -e]

gli ho dato mille lire di ich habe ihm 1000 Lire Trink-
mancia [ʎi ɔ dˈdaːto ˈmille ˈliːre geld gegeben
di ˈmantʃa]

mandare [manˈdaːre] schicken, senden

me l'ha mandato per posta er hat es mir mit der Post
[me la mmanˈdaːto per ˈpɔsta] geschickt

mangiare [manˈdʒaːre] essen

mangiarsi la parola sein Wort brechen
[manˈdʒarsi la paˈrɔːla]

mangiarsi la fortuna sein Vermögen verschleudern
[manˈdʒarsi la forˈtuːna]

la maniera [maˈni̯ɛːra] Art *f*, Art und Weise *f*

le maniere [le maˈni̯ɛːre] Manieren *pl*

la maniera di agire Verhalten *n*
[la maˈni̯ɛːra di aˈdʒiːre]

la maniera di vedere Einstellung *f*
[la maˈni̯ɛːra di veˈdeːre]

in questa maniera auf diese (Art und) Weise
[iŋ ˈku̯esta maˈni̯ɛːra]

alla maniera di nach Art
[ˈalla maˈni̯ɛːra di]

la mano, *pl* le mani [ˈmaːno, -i] Hand *f*

a mano [a mˈmaːno] in/an/mit der Hand

a portata di mano in Reichweite
[a pporˈtaːta di ˈmaːno]

fuori (di) mano abgelegen
[ˈfu̯ɔːri (di) ˈmaːno]

la manodopera [manoˈdɔːpera] Arbeitskräfte *f pl*

mantenere [manteˈneːre] erhalten, aufrechterhalten;
ernähren

mantenere la parola Wort halten
[manteˈneːre la paˈrɔːla]

marcare [marˈkaːre] bezeichnen, kennzeichnen;
stempeln

la marcia, *pl* **le marce**
['martʃa, -e]

Marsch *m*; Lauf *m*; Gang *m*
  (Auto)

questa macchina ha quattro
marce
['kuesta 'makkina 'a k'kuattro
'martʃe]

dieses Auto hat vier Gänge

mettere in marcia
['mettere im 'martʃa]

in Gang setzen

fare marcia indietro
['fa:re 'martʃa in'diɛ:tro]

den Rückwärtsgang einlegen;
  sich zurückziehen

il marciapiede [martʃa'piɛ:de]

Bürgersteig *m*; Bahnsteig *m*;
  Kai *m*

marciare [mar'tʃa:re]

marschieren, gehen, laufen

il marco, *pl* **i marchi**
['marko, -i]

Mark *f*

il mare ['ma:re]

Meer *n*, See *f*

in mare [im 'ma:re]

auf/zur See

in alto mare [i'nalto 'ma:re]

auf hoher See

il marito [ma'ri:to]

Ehemann *m*

martedí [marte'di] *m*
  (cf domenica)

Dienstag *m*

il martello [mar'tɛllo]

Hammer *m*

marzo ['martso] *m*
  (cf agosto)

März *m*

la massa ['massa]

Masse *f*; Menge *f*

la materia [ma'tɛ:ria]

Materie *f*, Stoff *m*; (Unterrichts-)
  Fach *n*

materia prima
[ma'tɛ:ria 'pri:ma]

Rohstoff *m*

materiale [mate'ria:le]

materiell, stofflich

il materiale [mate'ria:le]

Material *n*; Stoff *m*

materiale bellico
[mate'ria:le 'bɛlliko]

Kriegsmaterial *n*

la matita [ma'ti:ta]

Bleistift *m*

la matita a colori
[la ma'ti:ta a kko'lo:ri]

Farbstift *m*

il matrimonio, *pl* **i matrimoni**
[matri'mɔ:nio, -i]

Ehe *f*; Trauung *f*

il mattino, la mattina
[mat'ti:no, -a]

Morgen *m*, Vormittag *m*

alle tre del mattino
['alle 'tre ddel mat'ti:no]

um 3 Uhr nachts/morgens

un mattino [um mat'ti:no]

eines Morgens

il/di mattino [il/di mat'ti:no]

morgens, am Morgen

di buon mattino
[di 'buɔm mat'ti:no]
früh (morgens)

stamattina [stamat'ti:na]
heute morgen

matto, a ['matto, -a]
verrückt

sei matto? ['sɛ:i 'matto]
bist du denn verrückt?

maturo, a [ma'tu:ro, -a]
reif

il mazzo ['mattso]
Bündel *n*, Bund *m*

il mazzo di chiavi
[il 'mattso di 'kia:vi]
Schlüsselbund *m*

un mazzo di fiori
[um 'mattso di 'fio:ri]
ein Blumenstrauß

me [me] (*cf* io)
mich

secondo me [se'kondo 'me]
meiner Meinung nach

in quanto a me
[in 'kuanto a m'me]
was mich betrifft

lo faccio da me
[lo 'fattʃo da m'me]
ich tue es selbst

meccanico, a,
pl meccanici, meccaniche
[mek'ka:niko, -a, -tʃi, -ke]
mechanisch, Maschinen-

il meccanico, *pl* i meccanici
[mek'ka:niko, -tʃi]
Mechaniker *m*

medesimo, a [me'de:zimo, -a]
selb; gleich; selbst

io medesimo ['i:o me'de:zimo]
ich selbst

essi medesimi
['essi me'de:zimi]
sie selbst

nel medesimo giorno
[nel me'de:zimo 'dʒorno]
am selben Tag

la medicina [medi'tʃi:na]
Medizin *f*, Arznei *f*

medico, a, *pl* medici, mediche
['mɛ:diko, -a, -tʃi, -ke]
medizinisch, ärztlich

il medico, *pl* i medici
['mɛ:diko, -tʃi]
Arzt *m*, Doktor *m*

medico primario
['mɛ:diko pri'ma:rio]
Chefarzt *m*

medio, a ['mɛ:dio. -a]
mittlere; durchschnittlich, Durchschnitts-

meglio ['mɛʎʎo]
besser

tanto meglio (per Lei)!
['tanto 'mɛʎʎo (per 'lɛ:i)]
um so besser (für Sie)!

di bene in meglio
[di 'bɛ:ne im 'mɛʎʎo]
immer besser

meglio che mai
['mɛʎʎo ke m'ma:i]
besser denn je

è meglio che niente
['ɛ m'mɛʎʎo ke n'niɛnte]
das ist besser als nichts

alla meglio ['alla 'mɛʎʎo]
so gut wie möglich

la mela ['me:la]
Apfel m

il membro, pl **i membri**
Glied n; Mitglied n
['mɛmbro, -i]

le membra [le 'mɛmbra] pl
Gliedmaßen pl

la memoria (di qc)
Gedächtnis n; Andenken n (an)
[me'mɔ:ria (di …)]

a memoria [a mme'mɔ:ria]
auswendig

meno ['me:no]
weniger

meno di tre ore
weniger als drei Stunden
['me:no di 'tre 'o:re]

ha due anni di meno
er ist zwei Jahre jünger
['a d'du:e 'anni di 'me:no]

è venuto meno alla (sua)
er hat sein Wort nicht gehalten
parola [ɛ vve'nu:to 'me:no 'alla
('su:a) pa'rɔ:la]

la mensilità [mensili'ta] inv
Monatsgehalt n; Monatsrate f

mentire [men'ti:re]
lügen, schwindeln

mentire a qn [men'ti:re a …]
jdn belügen

mentre ['mentre]
während

la meraviglia [mera'viʎʎa]
Wunder n; Verwunderung f

meraviglioso, a
wunderbar
[meraviʎ'ʎo:so, -a]

il mercato [mer'ka:to]
Markt m

mercato nero
Schwarzmarkt m
[mer'ka:to 'ne:ro]

il Mercato Comune
der Gemeinsame Markt
[il mer'ka:to ko'mu:ne]

la merce ['mɛrtʃe]
Ware f

mercoledí [merkole'di] m
Mittwoch m
(cf domenica)

meritare [meri'ta:re]
verdienen; wert sein

il mese ['me:se]
Monat m

nel mese di gennaio
im (Monat) Januar
[nel 'me:se di dʒen'na:io]

tre mesi ['tre m'me:si]
ein Vierteljahr, 3 Monate

sei mesi ['sɛi 'me:si]
ein halbes Jahr, 6 Monate

nove mesi ['nɔ:ve 'me:si]
ein dreiviertel Jahr, 9 Monate

il mestiere [mes'tiɛ:re]
Handwerk n, Gewerbe n;
Beruf m

che mestiere fa?
welchen Beruf üben Sie aus?
[ke mmes'tiɛ:re 'fa]

la metà [me'ta]   Hälfte f
  a metà [a mme'ta]   zur Hälfte, halb
il metallo [me'tallo]   Metall n
il metro ['mɛ:tro]   Meter m; Metermaß n
  cinque metri di stoffa   5 Meter Stoff
  ['tʃiŋkue 'mɛ:tri di s'tɔffa]
la metropolitana   U-Bahn f
  [metropoli'ta:na]
mettere (messo)   setzen, stellen, legen; anzie-
  ['mettere ('messo)]   hen *(Kleidung)*
  mettere in tasca   in die Tasche stecken
  ['mettere in 'taska]
  mettersi il cappotto   den Mantel anziehen
  ['mettersi il kap'pɔtto]
  mettersi a ['mettersi a]   beginnen (mit)
  ci ho messo sette mesi per   ich habe sieben Monate
  finirlo [tʃi ɔ m'messo 'sɛtte   gebraucht, um es fertig zu
  'me:si per fi'nirlo]   machen
la mezzanotte   Mitternacht f
  [meddza'nɔtte]
mezzo, a ['mɛddzo, -a]   halb
  uno/una e mezzo   anderthalb
  ['u:no/'u:na e m'mɛddzo]
  mezzo chilo di sale   ein halbes Kilo Salz
  ['mɛddzo 'ki:lo di 'sa:le]
il mezzo ['mɛddzo]   Mitte f; Hälfte f; Mittel n
  i mezzi [i 'mɛddzi]   (Geld-)Mittel pl
  il mezzo di comunicazione [il   Verkehrsmittel n
  'mɛddzo di komunikat'tsio:ne]
il mezzogiorno   Mittag m
  [meddzo'dʒorno]
  nel Mezzogiorno   in Süditalien
  [nel meddzo'dʒorno]
  a mezzogiorno in punto   Punkt 12 Uhr (mittags)
  [a mmeddzo'dʒorno im 'punto]
mica ['mi:ka]   gar/überhaupt (nicht)
  non è mica vero   es ist gar nicht wahr
  [no'nɛ m'mi:ka 've:ro]
il migliaio, pl **le migliaia**   Tausend n
  [miʎ'ʎa:io, -a]
  un migliaio [um miʎ'ʎa:io]   etwa tausend
il miliardo [mi'liardo]   Milliarde f
  due miliardi di Lire   2 Milliarden Lire
  ['du:e mi'liardi di 'li:re]

il milione [mi'ljo:ne]   Million f
militare [mili'ta:re]   militärisch, Militär-
   servizio militare   Militärdienst m, Wehrdienst m
   [ser'vittsjo mili'ta:re]
il militare [mili'ta:re]   Soldat m
mille, *pl* mila ['mille, 'mi:la]   tausend
minacciare qn [minat't∫a:re …]   jdm drohen, jdn bedrohen
minerale [mine'ra:le]   Mineral-
   acqua minerale   Mineralwasser n
   ['akkua mine'ra:le]
la minestra [mi'nɛstra]   Suppe f
minimo, a ['mi:nimo, -a]   kleinste; geringste
il ministro [mi'nistro]   Minister m
il minuto [mi'nu:to]   Minute f
mio, a, *pl* miei, mie   mein
   ['mi:o, -a, 'mjɛ:i, 'mi:e]
   è un mio amico   er ist ein Freund von mir
   ['ɛ um 'mi:o a'mi:ko]
mischiare [mis'kja:re]   machen, vermischen; ver-
     wickeln
   mischiarsi (in) [mis'kjarsi (in)]   sich einmischen (in)
la miseria [mi'zɛ:rja]   Elend n, Not f
   cadere in miseria   in Not geraten
   [ka'de:re im mi'zɛ:rja]
misero, a ['mi:zero, -a]   elend, erbärmlich
misterioso, a [miste'rjo:so, -a]   geheimnisvoll, rätselhaft
il mistero [mis'tɛ:ro]   Geheimnis n
misto, a (a/con)   gemischt (mit)
   ['misto, -a (a/kon)]
il misto ['misto]   Mischung f, Gemisch n
la misura [mi'zu:ra]   Maß n, Maßstab m; Maß-
     nahme f
   un vestito su misura   ein Maßanzug
   [un ves'ti:to su mmi'zu:ra]
   prendere le misure   Maß nehmen
   ['prɛndere le mi'zu:re]
   prendere delle misure   Maßnahmen ergreifen
   ['prɛndere 'delle mi'zu:re]
misurare [mizu'ra:re]   (ab)messen, abwägen
   misurare un vestito   ein Kleid anprobieren
   [mizu'ra:re un ves'ti:to]
mite ['mi:te]   mild
il mittente [mit'tɛnte]   Absender m
mobile ['mɔ:bile]   beweglich

il mobile ['mɔ:bile]   Möbel(stück) *n*
la moda ['mɔ:da]   Mode *f*
  alla moda ['alla 'mɔ:da]   nach der (neuesten) Mode
  è di moda ['ɛ ddi 'mɔ:da]   es ist modern
  è fuori (di) moda   es ist altmodisch
  ['ɛ f'fuɔ:ri (di) 'mɔ:da]
il modello [mo'dɛllo]   Modell *n*
moderno, a [mo'dɛrno, -a]   modern
  modernissimo   hochmodern
  [moder'nissimo]
il modo ['mɔ:do]   Art *f*, Weise *f*
  modo di dire ['mɔ:do di 'di:re]   Redensart *f*
  modo di vivere   Lebensweise *f*
  ['mɔ:do di 'vi:vere]
  in che modo? [iŋ ke m'mɔ:do]   auf welche (Art und) Weise?
  che modo di fare (è questo)!?   was ist das für eine Art und
  [ke m'mɔ:do di 'fa:re   Weise!?
  ('ɛ k'kuesto)]
il modulo ['mɔ:dulo]   Formular *n*; Muster *n*
la moglie, *pl* le mogli   Ehefrau *f*
  ['moʎʎe, -i]
molto, a ['molto, -a]   viel
  molto ['molto] *adv*   viel; sehr
  molte grazie! ['molte 'grattsie]   danke schön!
  questo mi piace molto   das gefällt mir sehr
  ['kuesto mi 'pia:tʃe 'molto]
  oggi ho mangiato moltissimo   heute habe ich sehr viel geges-
  ['ɔddʒi ɔ mman'dʒa:to   sen
  mol'tissimo]
  molto tempo ['molto 'tɛmpo]   lange (Zeit)
il momento [mo'mento]   Moment *m*, Augenblick *m*
  un momento! [um mo'mento]   Moment mal!
  per il momento   im Augenblick, zur Zeit
  [per il mo'mento]
il mondo ['mondo]   Welt *f*, Erde *f*
  al mondo [al 'mondo]   in/auf der Welt
  il mondo intero   die ganze Welt
  [il 'mondo in'te:ro]
  un mondo di [um 'mondo di]   viele
la moneta [mo'ne:ta]   Münze *f*
  moneta estera   fremde Währung *f*
  [mo'ne:ta 'ɛstera]
la montagna [mon'taɲɲa]   Gebirge *n*
  in montagna [im mon'taɲɲa]   im/ins Gebirge

il monte ['monte]	Berg *m*, Gebirge *n*
il monumento [monu'mento]	Denkmal *n*, Monument *n*
morale [mo'ra:le]	moralisch, sittlich, Moral-
la morale [mo'ra:le]	Moral *f*
morire (di) (morto) [mo'ri:re (di) ('mɔrto)]	sterben (an/vor)
morire di fame [mo'ri:re di 'fa:me]	verhungern
morire di sete [mo'ri:re di 'se:te]	verdursten
mortale [mor'ta:le]	tödlich, Tod-, Todes-
la morte ['mɔrte]	Tod *m*
a morte [a m'mɔrte]	tödlich
morto, a ['mɔrto, -a]	tot, gestorben
stanco morto ['staŋko 'mɔrto]	todmüde
il morto, la morta ['mɔrto, -a]	Tote *m/f*
la mosca, *pl* le mosche ['moska, -e]	Fliege *f*
mostrare [mos'tra:re]	zeigen, sehen lassen; beweisen
il motivo [mo'ti:vo]	(Beweg-)Grund *m*, Ursache *f*; Motiv *n*
per quale motivo? [per 'kua:le mo'ti:vo]	aus welchem Grund?
il moto ['mɔ:to]	Bewegung *f*
essere in moto ['ɛssere im 'mɔ:to]	in Betrieb sein, laufen
mettere in moto ['mettere im 'mɔ:to]	in Gang setzen; anlassen *(Auto)*
la moto ['mɔ:to] *inv*	Motorrad *n*
il motore [mo'to:re]	Motor *m*
il movimento [movi'mento]	Bewegung *f*
il mucchio, *pl* i mucchi ['mukkio, -i]	Haufen *m*, Menge *f*
la multa ['multa]	(Geld-)Strafe *f*
pagare una multa [pa'ga:re 'u:na 'multa]	Strafe zahlen
il municipio, *pl* i municipi [muni't∫i:pio, -i]	Rathaus *n*; Gemeinde *f*
muovere (mosso) ['muɔ:vere ('mɔsso)]	bewegen
muoversi ['muɔ:versi]	sich bewegen

il muro, *pl* i muri, le mura   Wand *f*, Mauer *f*
['mu:ro, -i, -a]
  le mura (della città)   Stadtmauer *f*
  [le 'mu:ra ('della tʃit'ta]
la musica, *pl* le musiche   Musik *f*
['mu:zika, -e]
muto, a ['mu:to, -a]   stumm
il muto, la muta ['mu:to, -a]   Stumme *m/f*

N

nascere (nato)   geboren werden; entstehen;
['naʃʃere ('na:to)]   anbrechen *(Tag)*
  sono nato nel 1929   ich bin (im Jahre) 1929 gebo-
  ['so:no 'na:to nel …]   ren
  fare nascere ['fa:re 'naʃʃere]   hervorbringen
nascondere (nascosto)   verstecken, verbergen
[nas'kondere (nas'kosto)]
  di nascosto [di nas'kosto]   heimlich, verborgen
il naso ['na:so]   Nase *f*
il nastro ['nastro]   Band *n*, Streifen *m*
Natale [na'ta:le]   Weihnachten *n*
  le vacanze di Natale   Weihnachtsferien *pl*
  [le va'kantse di na'ta:le]
nato, a ['na:to, -a]   geboren
  la Signora Bianchi nata Rossi   Frau Bianchi geb. Rossi
  [la siɲ'ɲo:ra 'biaŋki 'na:ta 'rossi]
la natura [na'tu:ra]   Natur *f*
  natura morta [na'tu:ra 'mɔrta]   Stilleben *n*
naturale [natu'ra:le]   natürlich, Natur-
  naturalmente [natural'mente]   natürlich, selbstverständlich
  adv
la nave ['na:ve]   Schiff *n*
nazionale [nattsio'na:le]   national, National-
la nazione [nat'tsio:ne]   Nation *f*
la nazionalità   Nationalität *f*
  [nattsionali'ta] *inv*
  che nazionalità ha (Lei)?   welche Staatsangehörigkeit
  [ke nnattsionali'ta 'a (l'lɛ:i)]   haben Sie?
ne [ne] *prn/adv*   von ihm/ihr; davon, darüber;
                                von dort, von hier

non ne ha parlato	er hat nicht davon gesprochen
[non ne a ppar'la:to]	
ne mancano cinque	es fehlen fünf (davon)
[ne 'maŋkano 'tʃiŋkue]	
ne mangi [ne 'mandʒi]	essen Sie davon
ne ripartii subito	ich fuhr sofort (von dort) weg
[ne ripar'ti:i 'su:bito]	
né [ne]	und nicht, auch nicht
né … né [ne … ne]	weder … noch
neanche [ne'aŋke]	auch nicht; nicht einmal
(*cf* nemmeno)	
la nebbia ['nebbia]	Nebel *m*
necessario, a [netʃes'sa:rio, -a]	notwendig, nötig, erforderlich
è necessario che tu venga ['ɛ	du mußt kommen
nnetʃes'sa:rio ke t'tu v'vɛŋga]	
il necessario [netʃes'sa:rio]	Nötige *n*
la necessità [netʃessi'ta] *inv*	Notwendigkeit *f*
in caso di necessità	im Notfall
[iŋ 'ka:zo di netʃessi'ta]	
negare [ne'ga:re]	verneinen, leugnen; verwei-
	gern
il negozio, *pl* **i negozi**	Geschäft *n*; Laden *m*
[ne'gɔttsio, -i]	
nemico, a, *pl* **nemici, nemiche**	feindlich
[ne'mi:ko, -a, -tʃi, -ke]	
il nemico, *pl* **i nemici**	Feind *m*
[ne'mi:ko, -tʃi]	
nemico mortale	Todfeind *m*
[ne'mi:ko mor'ta:le]	
nemmeno [nem'me:no]	auch nicht; nicht einmal
non ho fatto nemmeno un	ich habe keinen einzigen Feh-
errore [non ɔ f'fatto nem'me:no	ler gemacht
un er'ro:re]	
nemmeno io [nem'me:no 'i:o]	ich auch nicht
neppure [nep'pu:re]	auch nicht; nicht einmal
(*cf* nemmeno)	
nero, a ['ne:ro, -a]	schwarz; dunkel
nervoso, a [ner'vo:so, -a]	nervös, Nerven-
il sistema nervoso	Nervensystem *n*
[il sis'tɛ:ma ner'vo:so]	
nessuno, a [nes'su:no, -a]	kein; niemand, keiner
adj/prn	
in nessun posto	nirgends
[in nes'sum 'posto]	

in nessun caso	keinesfalls
[in nes'suŋ 'ka:zo]	
nessuno dei due	keiner von beiden
[nes'su:no 'de:i 'du:e]	
netto, a ['netto, -a]	rein; Netto-
nettamente [netta'mente] *adv*	deutlich; entschieden
il salario netto	Nettolohn *m*
[il sa'la:rio 'netto]	
la neve ['ne:ve]	Schnee *m*
nevicare [nevi'ka:re]	schneien
nevica ['ne:vika]	es schneit
è/ha nevicato [ɛ/a nnevi'ka:to]	es hat geschneit
niente ['niɛnte] *adv/adj*	nichts; kein
non ho detto mai niente	ich habe nie etwas gesagt.
[non ɔ d'detto 'ma:i 'niɛnte]	
niente affatto ['niɛnte af'fatto]	durchaus nicht
per niente [per 'niɛnte]	für/wegen nichts
niente paura! ['niɛnte pa'u:ra]	nur keine Angst!
nient'altro [niɛn'taltro]	weiter nichts
di niente! [di 'niɛnte]	keine Ursache!
il niente ['niɛnte]	Nichts *n*
un bel niente [um 'bɛl 'niɛnte]	rein gar nichts
il/la nipote [ni'po:te]	Neffe *m*, Nichte *f*; Enkel *m*, Enkelin *f*
nobile ['nɔ:bile]	adlig; vornehm
no [nɔ]	nein
noi, ce, ci ['no:i, tʃe, tʃi]	wir, uns
la noia ['nɔ:ia]	Langeweile *f*; Überdruß *m*; Unannehmlichkeit *f*
che noia! [ke n'nɔ:ia]	wie ärgerlich!, wie langweilig!
venire a noia [ve'ni:re a n'nɔ:ia]	unerträglich werden
il nome ['no:me]	Name *m*
in nome [in 'no:me]	im Namen von
lo conosco di nome	ich kenne ihn dem Namen nach
[lo ko'nosko di 'no:me]	
il buon nome [il 'buɔn 'no:me]	der gute Ruf
nominare [nomi'na:re]	nennen; ernennen
lo hanno nominato presidente	er wurde zum Präsidenten ernannt
[lo 'anno nomi'na:to presi'dɛnte]	
non [non]	nicht
non ... mai [non ... 'ma:i]	nie(mals)
non ... più [non ... 'piu]	nicht mehr

non ... niente/nulla [non ... 'niente/'nulla]	nichts
non valido [non 'va:lido]	ungültig
non ho visto nessuno [non ɔ v'visto nes'su:no]	ich habe niemanden gesehen
il nonno, la nonna ['nɔnno, -a]	Großvater *m*, Großmutter *f*
i nonni [i 'nɔnni]	Großeltern *pl*
nonostante [nonos'tante] *prp/conj*	trotz; auch wenn
il nord [nɔrd]	Norden *m*
al nord (di) [al 'nɔrd (di)]	nördlich, im Norden (von)
più al nord ['piu al 'nɔrd]	nördlicher, weiter im Norden
normale [nor'ma:le]	normal
normalmente [normal'mente] *adv*	normalerweise
nostro, a ['nɔstro, -a]	unser
notare [no'ta:re]	bemerken, beobachten
far notare qc a qn ['far no'ta:re ... a ...]	jdn auf etw aufmerksam machen
la notizia [no'tittsi̯a]	Nachricht *f*; Kenntnis *f*
la notte ['nɔtte]	Nacht *f*
di notte [di 'nɔtte]	bei Nacht, in der Nacht
stanotte [sta'nɔtte]	heute nacht
a tarda notte [a t'tarda 'nɔtte]	spät in der Nacht
notturno, a [not'turno, -a]	nächtlich, Nacht-
nove ['nɔ:ve]	neun
novembre [no'vɛmbre] *m* (*cf* agosto)	November *m*
la novità [novi'ta] *inv*	Neuigkeit *f*; Neuheit *f*
nudo, a ['nu:do, -a]	nackt; bloß; kahl
a piedi nudi [a p'pi̯ɛ:di 'nu:di]	barfuß
a occhio nudo [a 'ɔkki̯o 'nu:do]	mit bloßem Auge
nudo e crudo ['nu:do e k'kru:do]	unverblümt, ungeschminkt
nulla ['nulla]	nichts
nulla d'importante ['nulla dimpor'tante]	nichts von Belang
per nulla [per 'nulla]	durchaus nicht
non per nulla [nom per 'nulla]	nicht ohne Grund
(non) c'è nulla per me? [(non) 'tʃɛ n'nulla per 'me]	ist nichts für mich da?
non ho nulla a che fare con lui [no'nɔ n'nulla a kke f'fa:re kon 'lu:i]	ich habe nichts mit ihm zu tun

nullo, a ['nullo, -a] nichtig, ungültig
il numero ['nu:mero] Zahl *f*, Anzahl *f*; Nummer *f*
un gran numero di viele
[uŋ 'gran 'nu:mero di]
in gran numero in großer Zahl
[iŋ 'gran 'nu:mero]
numeroso, a [nume'ro:so, -a] zahlreich
una famiglia numerosa eine kinderreiche Familie
['u:na fa'miʎʎa nume'ro:sa]
nuovo, a ['nuɔ:vo, -a] neu
il nuovo ['nuɔ:vo] Neue *n*
che c'è di nuovo? was gibt es Neues?
['ke t'tʃɛ ddi 'nuɔ:vo]
nutrire [nu'tri:re] ernähren, nähren
nutrire speranza Hoffnung hegen
[nu'tri:re spe'rantsa]
nutrirsi (di) [nu'trirsi (di)] sich ernähren (von)
la nuvola ['nu:vola] Wolke *f*

O

o [o] oder
o ... o [o... o] entweder ... oder
obbedire (a) [obbe'di:re (a)] gehorchen
obbligare (a) [obbli'ga:re (a)] verpflichten (zu), zwingen
essere obbligato a gezwungen sein zu
['ɛssere obbli'ga:to a]
Le sono molto obbligato ich bin Ihnen sehr verpflichtet/
[le 'so:no 'molto obbli'ga:to] verbunden
obbligarsi [obbli'garsi] sich verpflichten; bürgen, haf-
ten
l'occasione [okka'zio:ne] *f* Gelegenheit *f*; Anlaß *m*
in occasione di anläßlich
[in okka'zio:ne di]
d'occasione [dokka'zio:ne] gebraucht, Gebraucht-
gli occhiali [ok'kia:li] *pl* Brille *f*
l'occhio *m*, *pl* gli occhi Auge *n*
['ɔkkio, -i]
sotto gli occhi ['sotto ʎ'ʎɔkki] vor den Augen
a quattr'occhi [a kkuat'trɔkki] unter vier Augen
con i propri occhi mit eigenen Augen
[kon i 'prɔ:pri 'ɔkki]

a occhio e croce   ungefähr
[a 'ɔkkio e k'kro:tʃe]

ha gli occhi azzurri   er hat blaue Augen
['a ʎ'ʎɔkki ad'dzurri]

l'occidente [ottʃi'dɛnte] *m*   Westen *m*

a occidente (di)   im Westen, westlich (von)
[a ottʃi'dɛnte (di)]

occorrere (occorso)   brauchen; nötig sein; vorkom-
[ok'korrere (ok'korso)]   men

Le occorre altro?   brauchen Sie noch etwas?
[le ok'korre 'altro]

occorrono due giorni per   man braucht zwei Tage, um
andarci [ok'korrono 'du:e   dorthin zu kommen
'dʒorni per an'dartʃi]

occupare [okku'pa:re]   besetzen; beschäftigen; ein-
    nehmen *(Platz)*

occuparsi (di) [okku'parsi (di)]   sich beschäftigen (mit)

l'odore [o'do:re] *m*   Geruch *m*, Duft *m*

offendere (offeso)   beleidigen, verletzen
[of'fɛndere (of'fe:so)]

offendersi [of'fɛndersi]   gekränkt sein

l'offerta [of'fɛrta] *f*   Angebot *n*; Vorschlag *m*

l'offerta speciale   Sonderangebot *n*
[lof'fɛrta spe'tʃa:le]

l'offesa [of'fe:sa] *f*   Beleidigung *f*

offeso, a [of'fe:so, -a]   beleidigt

l'officina [offi'tʃi:na] *f*   Werkstatt *f*

portare l'auto in officina   das Auto in die Werkstatt brin-
[por'ta:re 'la:uto in offi'tʃi:na]   gen

offrire (offerto)   bieten; anbieten; schenken
[of'fri:re (of'fɛrto)]

l'oggetto [od'dʒɛtto] *m*   Gegenstand *m*

oggi ['ɔddʒi]   heute

oggi a otto ['ɔddʒi a 'ɔtto]   heute in 8 Tagen

oggi stesso ['ɔddʒi s'tesso]   heute noch

da oggi in poi   von heute an
[da 'ɔddʒi im 'po:i]

ogni ['oɲɲi]   jede(r, s)

ogni settimana   jede Woche
['oɲɲi setti'ma:na]

ogni tanto ['oɲɲi 'tanto]   ab und zu

ognuno [oɲ'ɲu:no]   jeder(mann)

l'olio ['ɔ:lio] *m*   Öl *n*

olio d'oliva ['ɔ:lio do'li:va]   Olivenöl *n*

oltre ['oltre] *adv/prp* — weiter; außer; über (... hinaus/ hinweg)

andare oltre [an'da:re 'oltre] — weitergehen
oltre a ciò ['oltre a t'tʃɔ] — außerdem
l'ombra ['ombra] *f* — Schatten *m*
l'ombrello [om'brɛllo] *m* — Schirm *m*
l'onda ['onda] *f* — Welle *f*, Woge *f*
onesto, a [o'nɛsto, -a] — ehrlich, anständig
l'onore [o'no:re] *m* — Ehre *f*
parola d'onore [pa'ro:la do'no:re] — Ehrenwort *n*
in onore di [in o'no:re di] — zu Ehren von
l'opera ['ɔ:pera] *f* — Werk *n*; Arbeit *f*; Oper *f*
un'opera buona [u'nɔ:pera 'buɔ:na] — ein gutes Werk
all'opera! [al'lɔ:pera] — an die Arbeit!
l'operaio *m, pl* gli operai [ope'ra:jo, -i] — Arbeiter *m*
l'operazione [operat'tsio:ne] *f* — Operation *f*; Handlung *f*
l'opinione [opi'njo:ne] *f* — Meinung *f*
secondo la mia opinione [se'kondo la 'mi:a opi'njo:ne] — meiner Meinung nach
opporre (opposto) [op'porre (op'posto)] — entgegensetzen, entgegen- stellen
opporsi (a) [op'porsi (a)] — sich widersetzen
oppure [op'pu:re] — oder; sonst
ora ['o:ra] — nun, jetzt
per ora [pe'ro:ra] — vorläufig
or ora [o'ro:ra] — soeben
d'ora innanzi ['do:ra in'nantsi] — von nun an
ora ... ora ['o:ra ... 'o:ra] — bald ... bald
l'ora ['o:ra] *f* — Stunde *f*
che ora è?, che ore sono? [ke 'o:ra 'ɛ, ke 'o:re 'so:no] — wieviel Uhr ist es?
è l'una ['ɛ l'lu:na] — es ist ein Uhr
sono le dieci ['so:no le 'diɛ:tʃi] — es ist zehn Uhr
di buon ora [di buo'no:ra] — früh(zeitig)
è ora di ['ɛ 'o:ra di] — es ist Zeit zu
oramai, ormai [ora'ma:i, or'ma:i] — jetzt; schon, bereits
l'orario *m, pl* gli orari [o'ra:rio, -i] — Zeitplan *m*, Zeit *f*; Fahrplan *m*
l'orario ferroviario [lo'ra:rio ferro'via:rio] — Kursbuch *n*

l'orario di lavoro	Arbeitszeit *f*
[lo'ra:rio di la'vo:ro]	
in orario [in o'ra:rio]	pünktlich
ordinare [ordi'na:re]	anordnen; ordnen; befehlen; bestellen
ordinario, a,	üblich; gewöhnlich; ordentlich
pl ordinari, ordinarie	
[ordi'na:rio, -ia, -i, -ie]	
l'ordine ['ordine] *m*	Ordnung *f*; Reihenfolge *f*; Befehl *m*; Auftrag *m*
ordine del giorno	Tagesordnung *f*
['ordine del 'dʒorno]	
di prim'ordine [di pri'mordine]	erstklassig
mettere in ordine	ordnen, aufräumen
['mettere i'nordine]	
organizzare [organid'dza:re]	organisieren; veranstalten
l'orgoglio [or'goʎʎo] *m*	Stolz *m*
l'oriente [o'riɛnte] *m*	Osten *m*; Orient *m*
a oriente [a o'riɛnte]	im/nach Osten
a oriente di [a o'riɛnte di]	im Osten, östlich von
originale [oridʒi'na:le]	ursprünglich; originell, Original-
l'originale [oridʒi'na:le] *m*	Original *n*
l'origine [o'ri:dʒine] *f*	Herkunft *f*, Ursprung *m*
l'orizzonte [orid'dzonte] *m*	Horizont *m*
ornare (di) [or'na:re (di)]	schmücken, verzieren (mit)
l'oro ['ɔ:ro] *m*	Gold *n*
d'oro ['dɔ:ro]	aus Gold, golden
l'orologio [oro'lɔ:dʒo] *m*	Uhr *f*
l'orologio da polso/tasca	Armband-/Taschenuhr *f*
[loro'lɔ:dʒo da p'polso/t'taska]	
l'orrore [or'ro:re] *m*	Schrecken *m*; Abscheu *f*; Entsetzen *n*
che orrore! [ke or'ro:re]	wie scheußlich/schrecklich!
oscuro, a [os'ku:ro, -a]	finster, dunkel; undeutlich
l'ospedale [ospe'da:le] *m*	Krankenhaus *n*
l'ospite ['ɔspite] *m/f*	Gast *m*; Gastgeber *m*, Gastgeberin *f*
abbiamo ospiti	wir haben Gäste/Besuch
[ab'bia:mo 'ɔspiti]	
osservare [osser'va:re]	beobachten; beachten, befolgen; bemerken
Le faccio osservare che	ich mache Sie darauf aufmerksam, daß
[le 'fattʃo osser'va:re ke]	

l'**ostello** [os'tɛllo] *m* — Herberge *f*
  l'ostello della gioventù — Jugendherberge *f*
  [los'tɛllo 'della dʒoven'tu]
l'**osteria** [oste'ri:a] *f* — Gasthaus *n*
ottenere [otte'ne:re] — erhalten, erreichen
otto ['ɔtto] — acht
  ogni otto giorni — alle 8 Tage
  ['oɲɲi 'ɔtto 'dʒorni]
ottobre [ot'to:bre] *m* (*cf* agosto) — Oktober *m*
l'**ovest** ['ɔ:vest] *m* — Westen *m*
  a ovest (di) [a 'ɔ:vest (di)] — im Westen, westlich (von)

P

il **pacchetto** [pak'ketto] — Päckchen *n*
il **pacco,** *pl* i pacchi ['pakko, -i] — Paket *n*
la **pace** ['pa:tʃe] — Frieden *m*; Ruhe *f*, Stille *f*
  fare/concludere la pace — Frieden schließen
  ['fa:re/koɲ'klu:dere la 'pa:tʃe]
  fare pace con — sich versöhnen mit
  ['fa:re 'pa:tʃe kon]
il **padre** ['pa:dre] — Vater *m*
il **padrone** [pa'dro:ne] — Herr *m*, Besitzer *m*
il **paesaggio,** *pl* i paesaggi — Landschaft *f*
  [pae'zaddʒo, -i]
il **paese** [pa'e:ze] — Land *n*; Gebiet *n*; Dorf *n*
la **paga,** *pl* le paghe ['pa:ga, -e] — Lohn *m*; Sold *m*
  busta paga ['busta 'pa:ga] — Lohntüte *f*
pagare [pa'ga:re] — zahlen, bezahlen
la **pagina** ['pa:dʒina] — Seite *f* (*Buch*)
  a pagina ventinove — auf Seite 29
  [a p'pa:dʒina venti'nɔ:ve]
la **paglia** ['paʎʎa] — Stroh *n*
il **paio,** *pl* le paia ['pa:i̯o, -a] — Paar *n*
  un paio di scarpe — ein Paar Schuhe
  [um 'pa:i̯o di s'karpe]
il **palazzo** [pa'lattso] — (Wohn-)Haus *n*; Palast *m*; Schloß *n*

  il palazzo di giustizia — Justizpalast *m*
  [il pa'lattso di dʒus'tittsi̯a]
  il palazzo comunale — Rathaus *n*
  [il pa'lattso komu'na:le]

la palla ['palla]   Kugel *f*; Ball *m*
  giocare a palla   Ball spielen
  [dʒo'ka:re a p'palla]
pallido, a ['pallido, -a]   blaß, bleich
la pancia, *pl* **le pance**   Bauch *m*
  ['pantʃa, -e]
il pane ['pa:ne]   Brot *n*
  il pane quotidiano   das tägliche Brot
  [il 'pa:ne kuoti'dia:no]
  panino (imbottito)   (belegte) Brötchen *n*
  [pa'ni:no (imbot'ti:to]
i pantaloni [panta'lo:ni] *pl*   Hose *f*
  un paio di pantaloni   eine Hose
  [um 'pa:io di panta'lo:ni]
il papa, *pl* **i papi** ['pa:pa, -i]   Papst *m*
il papà [pa'pa] *inv*   Vater *m*, Papa *m*
paragonare [parago'na:re]   vergleichen
il paragone [para'go:ne]   Vergleich *m*
  a paragone di, in paragone di   im Vergleich zu/mit
  [a ppara'go:ne di, im para'go:ne
  di]
parcheggiare [parked'dʒa:re]   parken
il parcheggio, *pl* **i parcheggi**   Parkplatz *m*; Parken *n*
  [par'keddʒo, -i]
il/la parente [pa'rɛnte]   Verwandte *m/f*
  un mio parente   ein Verwandter von mir
  [um 'mi:o pa'rɛnte]
parere (parso)   scheinen, den Anschein haben
  [pa're:re ('parso)]
  mi pare che egli abbia
  ragione [mi 'pa:re ke eʎ'ʎabbia   mir scheint, daß er recht hat
  ra'dʒo:ne]
  pare che stia dormendo   er scheint zu schlafen
  ['pa:re ke s'ti:a dor'mɛndo]
  non pare vero   es ist kaum zu glauben
  [nom 'pa:re 've:ro]
il parere [pa're:re]   Ansicht *f*, Meinung *f*
  secondo il nostro parere   unserer Meinung nach
  [se'kondo il 'nɔstro pa're:re]
  dare il proprio parere   seine Ansicht äußern
  ['da:re il 'prɔ:prio pa're:re]
la parete [pa're:te]   Wand *f*, Mauer *f*
parlare (a/con, di)   sprechen (mit, von/über)
  [par'la:re (a/kon, di)]

vorrei parlare al Signor Rossi
[vor'rɛ:i par'la:re al siɲ'ɲor
'rossi]
  ich möchte Herrn Rossi sprechen

ha parlato di Lei
[a ppar'la:to di 'lɛ:i]
  er hat von Ihnen gesprochen

la parola [pa'rɔ:la] — Wort *n*
  dare la parola a qn — jdm sein Wort geben
  ['da:re la pa'rɔ:la a ...]

il parucchiere, la parucchiera — Friseur *m*, Friseuse *f*
  [paruk'kiɛ:re, -a]

la parte ['parte] — Teil *m*, Anteil *m*; Seite *f*; Rolle *f*
  a parte [a p'parte] — getrennt, separat
  da parte [da p'parte] — beiseite
  d'altra parte ['daltra 'parte] — andererseits; übrigens
  da una parte e dall'altra — auf der einen und der anderen
  [da 'u:na 'parte e ddal'laltra]   Seite
  da una parte ... dall'altra — einerseits ... andererseits
  [da 'u:na 'parte ... dal'laltra]
  da parte di [da p'parte di] — von (Seiten); im Auftrag von
  in parte [im 'parte] — teilweise

partecipare [partetʃi'pa:re] — teilnehmen; mitteilen,
  bekanntgeben

la partenza [par'tɛntsa] — Abfahrt *f*, Abreise *f*
particolare [partiko'la:re] — besondere; einzeln; eigen
il particolare [partiko'la:re] — Einzelheit *f*
partire [par'ti:re] — abreisen; fortgehen
  partire per l'Italia — nach Italien (ab)reisen
  [par'ti:re per li'ta:lia]

il partito [par'ti:to] — Partei *f*
il passaggio, *pl* i passaggi — Durchgang *m*; Durchreise *f*;
  [pas'saddʒo, -i]   Übergang *m*
  di passaggio [di pas'saddʒo] — vorübergehend; auf der
  Durchreise

il passaporto [passa'pɔrto] — Paß *m*
passare [pas'sa:re] — vorbeigehen; vorbeifahren
  domani passo da Lei — morgen komme ich bei Ihnen
  [do'ma:ni 'passo da l'lɛ:i]   vorbei
  passare per una città — durch eine Stadt fahren/kom-
  [pas'sa:re pe'ru:na tʃit'ta]   men
  il tempo passa presto — die Zeit vergeht schnell
  [il 'tɛmpo 'passa 'prɛsto]
  ho passato quindici giorni a — ich habe 14 Tage in Padua ver-
  Padova [ɔ ppas'sa:to 'kuinditʃi   bracht
  'dʒorni a p'pa:dova]

mi passi il sale, per favore! — reichen Sie mir das Salz, bitte!
[mi 'passi il 'sa:le per fa'vo:re]

passare per [pas'sa:re per] — gelten als

passa la serata davanti al tele- — er verbringt den Abend vor
visore ['passa la se'ra:ta — dem Fernsehschirm
da'vanti al televi'zo:re]

passato, a [pas'sa:to, -a] — vergangen; früher

il passato [pas'sa:to] — Vergangenheit *f*

in passato [im pas'sa:to] — früher, in der Vergangenheit

il passeggero [passed'dʒɛ:ro] — Passagier *m*, Fahrgast *m*

passeggiare [passed'dʒa:re] — spazierengehen

la passeggiata [passed'dʒa:ta] — Spaziergang *m*

fare una passaggiata — einen Spaziergang machen
['fa:re 'u:na passed'dʒa:ta]

la passione [pas'sio:ne] — Leidenschaft *f*; Leiden *n*; Passion *f*

il passo ['passo] — Schritt *m*; Durchgang *m*; (Berg-)Paß *m*

la pasta ['pasta] — Teig *m*; Teigwaren *pl*; Kuchen *m*

il pasto ['pasto] — Speise *f*, Mahlzeit *f*

la patata [pa'ta:ta] — Kartoffel *f*

la patente [pa'tɛnte] — Erlaubnis *f*, Lizenz *f*; Führerschein *m*

la patria ['pa:tria] — Vaterland *n*; Heimat *f*

la paura (di) [pa'u:ra (di)] — Angst *f*, Furcht *f* (vor)

ho paura di lui — ich fürchte mich vor ihm
['ɔ ppa'u:ra di 'lu:i]

per paura di [per pa'u:ra di] — aus Angst vor

morire dalla paura — vor Angst sterben
[mo'ri:re 'dalla pa'u:ra]

fare paura a qn — jdn erschrecken
['fa:re pa'u:ra a …]

la pausa ['pa:uza] — Pause *f*

il pavimento [pavi'mento] — Fußboden *m*

la pazienza [pat'tsiɛntsa] — Geduld *f*

pazzo, a ['pattso, -a] — wahnsinnig, närrisch

il pazzo ['pattso] — Wahnsinnige *m*

il peccato [pek'ka:to] — Sünde *f*

che peccato! [ke ppek'ka:to] — (wie) schade!

il pedone [pe'do:ne] — Fußgänger *m*

la pelle ['pɛlle] — Haut *f*; Fell *n*; Leder *n*

la pena ['pe:na] — Strafe *f*; Schmerz *m*, Kummer *m*; Mühe *f*

pena di morte	Todesstrafe *f*
['pe:na di 'mɔrte]	
non vale la pena	es ist nicht der Mühe wert
[non 'va:le la 'pe:na]	
a mala pena [a m'ma:la 'pe:na]	kaum; nur mit großer Mühe, mit knapper Not
espiare una pena	eine Strafe verbüßen
[espi'a:re 'u:na 'pe:na]	
pendere ['pɛndere]	hängen; sich neigen
penetrare [pene'tra:re]	eindringen
la penna ['penna]	Feder *f*; Federhalter *m*
la penna stilografica	Füllfederhalter *m*
[la 'penna stilo'gra:fika]	
la penna a sfera	Kugelschreiber *m*
[la 'penna a s'fɛ:ra]	
pensare (a) [pen'sa:re (a)]	denken (an); meinen, glauben; überlegen
che ne pensa? ['ke nne 'pɛnsa]	was halten Sie davon?
non ci penso nemmeno	das fällt mir gar nicht ein
[non tʃi 'pɛnso nem'me:no]	
non ci pensi! [non tʃi 'pɛnsi]	seien Sie unbesorgt!
ci penserò io! [tʃi pense'rɔ 'i:o]	ich werde dafür sorgen!
io la penso così	das ist meine Meinung
['i:o la 'pɛnso ko'si]	
il pensiero [pen'siɛ:ro]	Denkvermögen *n*; Gedanke *m*; Meinung *f*; Sorge *f*
darsi pensiero (per)	sich Gedanken/Sorgen machen (um)
['darsi pen'siero (per)]	
la pensione [pen'sio:ne]	Pension *f*; Ruhestand *m*; Rente *f*
pensione completa	Vollpension *f*
[pen'sio:ne kom'plɛ:ta]	
mezza pensione	Halbpension *f*
['mɛddza pen'sio:ne]	
pentirsi (di) [pen'tirsi (di)]	bereuen
la pentola ['pentola]	Kochtopf *m*
per [per]	für; durch; infolge von; wegen; an; auf; aus; um ... zu; in; zu; nach
l'ho fatto per te	ich habe es für dich getan
[lɔ f'fatto per 'te]	
per sempre [per 'sɛmpre]	für immer
prendere per mano	an die Hand nehmen
['prɛndere per 'ma:no]	

per i campi [per i 'kampi] — durch die Felder

per la strada [per la s'traːda] — auf der Straße

per un po'di tempo — auf einige Zeit
[per um 'pɔ di 'tɛmpo]

per questo motivo — aus diesem Grund
[per 'kuesto mo'tiːvo]

per aiutarti [per aiu'tarti] — um dir zu helfen

per incarico di — im Auftrag von
[per iŋ'kaːriko di]

per tua sfortuna — zu deinem Unglück
[per 'tuːa sfor'tuːna]

per la terza volta — zum dritten Mal
[per la 'tɛrtsa 'vɔlta]

sei per sette ['sɛːi per 'sɛtte] — 6 mal 7

andare su ~ giù per la stanza — im Zimmer auf und ab gehen
[an'daːre 'suː e d'dʒu pper la
s'tantsa]

la pera ['peːra] — Birne *f*

perché [per'ke] — warum; weil; damit

perché no? [per'ke n'nɔ] — warum nicht?

resto qui perché piove — weil es regnet, bleibe ich hier
['rɛsto 'kui pper'ke p'piɔːve]

perché ti ha chiesto questo? — weshalb hat er dich das
[per'ke tti a k'kiɛsto 'kuesto] — gefragt?

te lo dico, perché tu lo sappia — ich sage es dir, damit du es
[te lo 'diːko per'ke t'tu llo — weißt
'sappia]

perciò [per'tʃɔ] — deshalb, daher

percorrere (percorso) — durchfahren; durchlaufen
[per'korrere (per'korso)]

percorrere una distanza — eine Entfernung zurücklegen
[per'korrere 'uːna dis'tantsa]

perdere (perduto, perso) — verlieren; versäumen
['pɛrdere (per'duːto, 'pɛrso)]

ho perduto il treno — ich habe den Zug verpaßt
[ɔ pper'duːto il 'trɛːno]

si è perduto [si ɛ pper'duːto] — er hat sich verlaufen

si è perduto d'animo — er hat den Mut verloren
[si ɛ pper'duːto 'daːnimo]

la perdita ['pɛrdita] — Verlust *m*; Einbuße *f*

a perdita d'occhio — so weit das Auge reicht
[a p'pɛrdita 'dɔkkio]

perdonare qc a qn — jdm etw verzeihen
[perdo'naːre … a …]

il perdono [per'do:no] Verzeihung *f*
domandare perdono a qn jdn um Verzeihung bitten
[doman'da:re per'do:no a ...]
perfetto, a [per'fɛtto, -a] vollkommen; tadellos; völlig
perfino [per'fi:no] sogar
il mio amico è stato perfino mein Freund ist sogar in Ame-
in America rika gewesen
[il 'mi:o a'mi:ko ɛ s'ta:to
per'fi:no in a'mɛ:rika]
il pericolo [pe'ri:kolo] Gefahr *f*
pericoloso, a [periko'lo:so, -a] gefährlich
il periodo [pe'ri:odo] Periode *f*; Zeit *f*
il permesso [per'messo] Erlaubnis *f*, Genehmigung *f*
 Urlaub *m*
permesso di lavoro Arbeitsgenehmigung *f*
[per'messo di la'vo:ro]
permesso di circolazione Kfz-Zulassung *f*
[per'messo di tʃirkolat'tsi̯o:ne]
chiedere un permesso eine Genehmigung beantra-
['ki̯ɛ:dere um per'messo] gen
(con) permesso! gestatten Sie!
[(kom) per'messo]
sono in permesso da una set- ich bin seit einer Woche in
timana ['so:no im per'messo da Urlaub
'u:na setti'ma:na]
permettere (permesso) erlauben
[per'mettere (per'messo)]
però [pe'rɔ] aber, jedoch
persino [per'si:no] (*cf* perfino) sogar
la persona [per'so:na] Person *f*, Mensch *m*
di persona [di per'so:na] persönlich
il personaggio, *pl* i personaggi Persönlichkeit *f*; Person *f*
[perso'naddʒo, -i]
personale [perso'na:le] persönlich
il personale [perso'na:le] Gestalt *f*, Figur *f*; Personal *n*
la personalità [personali'ta] *inv* Persönlichkeit *f*
pervenire (pervenuto) gelangen; ankommen
[perve'ni:re (perve'nu:to)]
pesante [pe'sante] schwer; schwerfällig, plump
un pasto pesante eine schwere Mahlzeit
[um 'pasto pe'sante]
pesare [pe'sa:re] wiegen; abwägen
la pesca, *pl* le pesche Pfirsich *m*
['pɛska, -e]

questa pesca non è matura   dieser Pfirsich ist nicht reif
['kuesta 'pɛska no'nɛ
mma'tu:ra]
la pesca ['peska]   Fischfang *m*
la pesca all'amo   Angelfischerei *f*
[la'peska al'la:mo]
andare alla pesca   fischen gehen
[an'da:re 'alla 'peska]
proibita la pesca   fischen verboten
[proi'bi:ta la 'peska]
pescare [pes'ka:re]   fischen
pescare all'amo   angeln
[pes'ka:re al'la:mo]
il pescatore [peska'to:re]   Fischer *m*, Angler *m*
il pesce ['peʃʃe]   Fisch *m*
zuppa di pesce   Fischsuppe
['tsuppa di 'peʃʃe]
il peso ['pe:so]   Schwere *f*; Gewicht *n*; Last *f*;
                                       Bedeutung *f*
il petrolio [pe'trɔ:lio]   Erdöl *n*; Petroleum *n*
pettinare [petti'na:re]   kämmen
pettinarsi [petti'narsi]   sich kämmen
il pettine ['pɛttine]   Kamm *m*
il petto ['pɛtto]   Brust *f*, Busen *m*
il pezzo ['pɛttso]   Stück *n*, (Einzel-)Teil *n*
un pezzo di pane   ein Stück Brot
[um 'pɛttso di 'pa:ne]
da un pezzo [da um 'pɛttso]   seit langer Zeit
piacere [pia'tʃe:re]   gefallen; schmecken
non mi è piaciuto   es hat mir nicht gefallen/
[nom mi ɛ ppia'tʃu:to]   geschmeckt
il piacere [pia'tʃe:re]   Gefallen *m/n*; Vergnügen *n*,
                                       Lust *f*
mi faccia il piacere   tun Sie mir den Gefallen
[mi 'fattʃa il pia'tʃe:re]
mi fa molto piacere   es freut mich sehr
[mi 'fa m'molto pia'tʃe:re]
con piacere [kom pia'tʃe:re]   gern
per piacere [per pia'tʃe:re]   bitte
a piacere [a ppia'tʃe:re]   nach Belieben
piacevole [pia'tʃe:vole]   angenehm, behaglich
piangere ['piandʒere]   weinen; beweinen
piano, a ['pia:no, -a]   eben, flach
piano ['pia:no] *adv*   langsam; leise

il piano ['pịa:no]
Klavier *n*; Stockwerk *n*;
Ebene *f*; Fläche *f*; Plan *m*

piano a coda
['pịa:no a k'ko:da]
Flügel *m*

in primo piano
[im 'pri:mo 'pịa:no]
im Vordergrund

al primo piano
[al 'pri:mo 'pịa:no]
im 1. Stock

chi ha fatto questo piano?
['ki a f'fatto 'kuesto 'pịa:no]
wer hat diesen Plan ent-
worfen?

la pianta ['pịanta]
Pflanze *f*; Grundriß *m*

pianta della città
['pịanta 'della tʃit'ta]
Stadtplan *m*

piantare [pịan'ta:re]
pflanzen; bepflanzen;
bebauen

la pianura [pịa'nu:ra]
Ebene *f*

pianura padana
[pịa'nu:ra pa'da:na]
Po-Ebene *f*

piatto, a ['pịatto, -a]
flach; platt

il piatto ['pịatto]
Teller *m*; Schüssel *f*; Gericht *n*
(*Speise*), Gang *m*

la piazza ['pịattsa]
Platz *m*

piazzare [pịat'tsa:re]
aufstellen

piccolo, a ['pikkolo, -a]
klein, gering

il piede ['pịɛ:de]
Fuß m

andare a piedi
[an'da:re a p'pịɛ:di]
zu Fuß gehen

ai piedi della montagna
['a:i 'pịɛ:di 'della mon'taɲɲa]
am Fuß des Berges

*in punta di piedi, sulla punta
dei piedi* [im 'punta di 'pịɛ:di,
'sulla 'punta 'de:i 'pịɛ:di]
auf den Zehenspitzen

stare in piedi
['sta:re im 'pịɛ:di]
stehen

pestare il piede a qn
[pes'ta:re il 'pịɛ:de a …]
jdm auf den Fuß treten

piegare [pịe'ga:re]
biegen; falten; beugen

pieno, a (di) ['pịɛ:no, -a (di)]
voll

in piena Firenze
[im 'pịɛ:na fi'rɛntse]
mitten in Florenz

pieno di sé ['pịɛ:no di 'se]
von sich eingenommen

in pieno giorno
[im 'pịɛ:no 'dʒorno]
am hellen Tage

pieno zeppo ['pịɛ:no t'tseppo]
überfüllt

la pietà (di) [pie'ta (di)]   Erbarmen *n* (mit); Barmherzig-
                                        keit *f*
la pietra ['pie:tra]   Stein *m*, Gestein *n*
  in pietra, di pietra   aus Stein, steinern
  [im 'pie:tra, di 'pie:tra]
la pioggia, *pl* le piogge   Regen *m*
  ['piɔddʒa, -e]
piovere ['piɔ:vere]   regnen
  piove ['piɔ:ve]   es regnet
  è/ha piovuto [ɛ/a ppio'vu:to]   es hat geregnet
la piscina [piʃ'ʃi:na]   Schwimmbad *n*
la pittura [pit'tu:ra]   Malerei *f*; Gemälde *n*
  pittura fresca!   frisch gestrichen!
  [pit'tu:ra 'freska]

più (che, di) [piu (ke, di)]   mehr (als)
  più giorni ['piu d'dʒorni]   mehrere Tage
  più volte ['piu v'vɔlte]   mehrere Male
  di più [di 'piu]   mehr
  più di me ['piu ddi 'me]   mehr als ich
  per lo più [per lo 'piu]   meistens
  il più delle volte   in den meisten Fällen, mei-
  [il 'piu d'delle 'vɔlte]   stens
  più ne ha e più vuole   je mehr er hat, desto mehr will
  ['piu nne 'a e p'piu v'vuɔ:le]   er
piuttosto [piut'tɔsto]   eher, lieber; vielmehr
  martedì piuttosto che lunedì   lieber Dienstag als Montag
  [marte'di ppiut'tɔsto ke llune'di]
poco/po', poca,   wenig
  pl pochi, poche
  ['pɔ:ko/pɔ, -a -i, -e]
  poco ['pɔ:ko] *adv*   wenig, nicht sehr
  poca gente ['pɔ:ka 'dʒɛnte]   wenige Leute
  pochi soldi ['pɔ:ki 'sɔldi]   wenig Geld
  poco dopo ['pɔ:ko 'do:po]   kurze Zeit danach
  un po' di [um 'pɔ di]   ein wenig
  a poco a poco   allmählich
  [a p'pɔ:ko a p'pɔ:ko]
  poco alla volta   nach und nach
  ['pɔ:ko 'alla 'vɔlta]
  press' a poco, per poco   fast, beinahe
  ['prɛssa p'pɔ:ko, per 'pɔ:ko]
  cosa da poco   nicht so schlimm
  ['kɔ:sa da p'pɔ:ko]
la poesia [poe'zi:a]   Dichtung *f*; Gedicht *n*

poi ['pɔ:i]   dann, darauf, danach; aber
  o prima o poi   früher oder später, über kurz
  [o p'pri:ma o p'pɔ:i]   oder lang
  da allora in poi   von da an
  [da al'lo:ra im 'pɔ:i]
  da domani in poi   von morgen an
  [da ddo'ma:ni im 'pɔ:i]
  dalle otto in poi   von 8 Uhr an
  ['dalle 'ɔtto im 'pɔ:i]
poiché [poi'ke]   da, weil
la politica [po'li:tika]   Politik *f*
politico, a,   politisch
  pl politici, politiche
  [po'li:tiko, -a, -tʃi, -ke]
la polizia [polit'tsi:a]   Polizei *f*
la poltrona [pol'tro:ne]   Sessel *m*
la polvere ['polvere]   Staub *m*; Pulver *n*
  pieno/coperto di polvere   staubig
  ['pie:no/ko'pɛrto di 'polvere]
il pomeriggio, *pl* i pomeriggi   Nachmittag *m*
  [pome'riddʒo, -i]
  durante il pomeriggio, nel   im Laufe des Nachmittags
  corso del pomeriggio
  [du'rante il pome'riddʒo, nel
  'korso del pome'riddʒo]
  questo pomeriggio   heute nachmittag
  ['kuesto pome'riddʒo]
il pomodoro [pomo'dɔ:ro]   Tomate *f*
il ponte ['ponte]   Brücke *f*; Gerüst *m*; Deck *n*
popolare [popo'la:re]   volkstümlich; populär, beliebt
la popolazione   Bevölkerung *f*
  [popolat'tsio:ne]
il popolo ['pɔ:polo]   Volk *n*
porre (posto) ['porre ('posto)]   setzen, stellen, legen
  porre fine ad una cosa   einer Sache ein Ende machen
  ['porre 'fi:ne a'du:na 'kɔ:sa]
la porta ['pɔrta]   Tür *f*; Tor *n*
il portacenere [porta'tʃe:nere]   Aschenbecher *m*
  inv
il portafogli *inv,* **il portafoglio**   Brieftasche *f*
  [porta'foʎʎi, porta'foʎʎo]
il portalettere [porta'lɛttere] *inv*   Briefträger *m*
portare [por'ta:re]   tragen; bringen, überbringen
  portare via [por'ta:re 'vi:a]   wegtragen, wegbringen

portare a casa nach Hause bringen
[por'ta:re a k'ka:sa]
portare con sé mitnehmen
[por'ta:re kon 'se]
il porto ['pɔrto] Hafen *m*; Porto *n*; Fracht *f*
raggiungere il porto den Hafen erreichen
[rad'dʒundʒere il 'pɔrto]
la posata [po'sa:ta] Besteck *n*; Gedeck *n*
un servizio di posate Silberbesteck *n*
d'argento [un ser'vittsjo di
po'sa:te dar'dʒɛnto]
la posizione [pozit'tsjo:ne] Lage *f*, Stellung *f*, Position *f*
possedere [posse'de:re] besitzen; beherrschen
il possesso [pos'sɛsso] Besitz *m*; Besitztum *n*
essere in possesso di im Besitz sein von
['ɛssere im pos'sɛsso di]
possibile [pos'si:bile] möglich
quanto prima possibile so schnell wie möglich
['kwanto 'pri:ma pos'si:bile]
è ben possibile che es ist durchaus möglich, daß
['ɛ b'bɛm pos'si:bile ke]
la possibilità [possibili'ta] *inv* Möglichkeit *f*
la posta ['pɔsta] Post *f*
andare alla posta zur Post gehen
[an'da:re 'alla 'pɔsta]
per posta [per 'pɔsta] mit der Post
fermo posta ['fermo 'pɔsta] postlagernd
il postino [pos'ti:no] Briefträger *m*
il posto ['posto] (Sitz-)Platz *m*; Ort *m*; Stellung *f*, Stelle *f*; Anstellung *f*
essere a posto in Ordnung sein
['ɛssere a p'posto]
mettere a posto in Ordnung bringen
['mettere a p'posto]
potente [po'tɛnte] mächtig; stark; einflußreich
la potenza [po'tɛntsa] Macht *f*; Gewalt *f*; Stärke *f*
potere [po'te:re] können; dürfen; vermögen
non ho potuto mangiare ich konnte/durfte nicht essen
[non ɔ ppo'tu:to man'dʒa:re]
non sono potuto venire ich konnte/durfte nicht kom-
[non 'so:no po'tu:to ve'ni:re] men
si può? [si 'pwɔ] ist es erlaubt?
non ci posso nulla! ich kann nichts dafür!
[non tʃi 'pɔsso 'nulla]

non ne posso più!   ich kann nicht mehr!
[non ne 'pɔsso 'piu]

quanto prima possiamo   sobald wir können
['kṵanto 'pri:ma pos'sia:mo]

povero, a ['pɔ:vero, -a]   arm

il povero, la povera   Arme *m/f*
['pɔ:vero, -a]

pranzare [pran'dza:re]   (zu Mittag) essen

il pranzo ['prandzo]   (Mittag-)Essen *n*

pratico, a, *pl* pratici, pratiche   praktisch; erfahren
['pra:tiko, -a, -tʃi, -ke]

praticamente   praktisch
[pratika'mente] *adv*

essere pratico di qc   über etw Bescheid wissen;
['ɛssere 'pra:tiko di …]   sich in etw auskennen

il prato ['pra:to]   Wiese *f*, Weide *f*

precipitare [pretʃipi'ta:re]   stürzen, herabstürzen; über-
    eilen

precipitarsi (su)   sich stürzen (auf); sich beeilen
[pretʃipi'tarsi (su)]

preciso, a [pre'tʃi:zo, -a]   genau, klar, präzise

precisamente   genau; und zwar
[pretʃiza'mente] *adv*

preferire [prefe'ri:re]   vorziehen, lieber wollen

preferisco il pesce alla carne   ich esse lieber Fisch als
[prefe'risko il 'peʃʃe 'alla 'karne]   Fleisch

preferisco restare qui   ich will lieber hier bleiben
[prefe'risko res'ta:re 'kṵi]

pregare [pre'ga:re]   bitten; beten

La prego [la 'prɛ:go]   ich bitte Sie

si prega di non fumare   bitte nicht rauchen
[si 'prɛ:ga di non fu'ma:re]

prego! ['prɛ:go]   bitte!

la preghiera [pre'giɛ:ra]   Bitte *f*; Gebet *n*

con la preghiera di   mit der Bitte um
[kon la pre'giɛ:ra di]

il premio, *pl* i premi   Preis *m*, Prämie *f*; Belohnung *f*
['prɛ:mio, -i]

prendere (preso)   nehmen; ergreifen; einneh-
['prɛndere ('pre:so)]   men

prendere il treno dello otto   den 8-Uhr-Zug nehmen
['prɛndere il 'trɛ:no 'delle 'ɔtto]

prendere gusto a   Gefallen finden an
['prɛndere 'gusto a]

prendere per ['prɛndere per]	halten für
prendersi gioco di qn ['prɛndersi 'dʒo:ko di ...]	sich über jdn lustig machen
ne prenda [ne 'prɛnda]	greifen Sie zu
che gli prende? ['ke ʎʎi 'prɛnde]	was fällt ihm ein?, was ist mit ihm los?
prenda a sinistra ['prɛnda a ssi'nistra]	biegen Sie links ab
la prenotazione [prenotat'tsi̯o:ne]	Vormerkung *f*; Vorbestellung *f*
preoccupare [preokku'pa:re]	beunruhigen, Sorgen machen
preoccuparsi (di/per) [preokku'parsi (di/per)]	besorgt sein, sich Sorgen machen (um)
la preoccupazione [preokkupat'tsi̯o:ne]	Sorge *f*, Kummer *m*
preparare (qn a qc) [prepa'ra:re (... a ...)]	(jdn auf etw) vorbereiten; zubereiten *(Speisen)*
sta preparando un esame, (si) prepara (per) un esame ['sta pprepa'rando un e'za:me, (si) pre'pa:ra (per) un e'za:me]	er bereitet (sich auf) ein Examen vor
prescrivere (prescritto) [pres'kri:vere (pres'kritto)]	vorschreiben; verschreiben
presentare [prezen'ta:re]	vorzeigen; anbieten; vorstellen; vorführen
te lo presenterò [te lo prezente'rɔ]	ich werde ihn dir vorstellen
si presenta a me [si pre'zɛnta a m'me]	er stellt sich mir vor
presente [pre'zɛnte]	gegenwärtig; anwesend
presente! [pre'zɛnte]	anwesend!
me presente ['me ppre'zɛnte]	in meiner Gegenwart
il presente [pre'zɛnte]	Gegenwart *f*; Geschenk *n*
la presenza [pre'zɛntsa]	Gegenwart *f*
il presidente [presi'dɛnte]	Präsident *m*, Vorsitzende *m*
la pressione [pres'si̯o:ne]	Druck *m*
controllare la pressione (nelle gomme) [kontrol'la:re la pres'si̯o:ne ('nelle 'gomme)]	den Reifendruck prüfen
presso ['prɛsso] *prp/adv*	bei, neben; nahe
presso la ditta Bianchi ['prɛsso la 'ditta 'bi̯aŋki]	bei der Firma Bianchi
presso Roma ['prɛsso 'ro:ma]	nahe bei Rom

presso la chiesa	neben der Kirche
['prɛsso la 'ki̯ɛːza]	
prestare [pres'taːre]	leihen
prestare aiuto	Hilfe leisten
[pres'taːre a'i̯uːto]	
prestare giuramento	einen Eid leisten
[pres'taːre dʒura'mento]	
prestare orecchio	Gehör schenken
[pres'taːre o'rekki̯o]	
prestare fede [pres'taːre 'feːde]	Glauben schenken
mi ha prestato diecimila Lire	er hat mir 10 000 Lire geliehen
[mi a ppres'taːto di̯etʃi'miːla	
'liːre]	
presto ['prɛsto] *adv*	schnell, rasch; früh; bald
faccia presto ['fattʃa 'prɛsto]	beeilen Sie sich
a presto! [a p'prɛsto]	auf bald!
pretendere (preteso)	verlangen, beanspruchen; vor-
[pre'tɛndere (pre'teːso)]	geben; behaupten
prevedere (previsto, preve-	voraussehen, vorhersehen;
duto) [preve'deːre (pre'visto,	vorsehen
preve'duːto)]	
prevenire (prevenuto)	zuvorkommen; verhüten; war-
[preve'niːre (preve'nuːto)]	nen
prezioso, a [pret'tsi̯oːso, -a]	kostbar; wertvoll
metallo prezioso	Edelmetall *n*
[me'tallo pret'tsi̯oːso]	
pietra preziosa	Edelstein *m*
['pi̯ɛːtra pret'tsi̯oːsa]	
il prezzo ['prɛttso]	Preis *m*
a buon prezzo	billig, preiswert
[a b'bu̯ɔm 'prɛttso]	
a caro prezzo	teuer
[a k'kaːro 'prɛttso]	
prezzi fissi ['prɛttsi 'fissi]	feste Preise
il prezzo sale/scende	der Preis steigt/fällt
[il 'prɛttso 'saːle/ʃ'ʃende]	
prima ['priːma] *adv*	vorher, früher; zuerst
prima di ['priːma di]	vor *(zeitlich)*
prima che ['priːma ke]	bevor
venga prima delle tre!	kommen Sie vor 3 Uhr!
['vɛnga 'priːma 'delle 'tre]	
qualche giorno prima	einige Tage vorher
['ku̯alke d'dʒorno 'priːma]	
prima ... poi ['priːma ... 'pɔːi]	zuerst ... dann

prima che partisse, mi disse   bevor er wegfuhr, sagte er mir
['pri:ma ke ppar'tisse mi 'disse]

quanto prima tanto meglio   je eher, je lieber
['kuanto 'pri:ma 'tanto 'mɛʎʎo]

dapprima [dap'pri:ma]   anfangs; zuerst

la primavera [prima'vɛ:ra]   Frühling *m*
(*cf* autunno)

principale [printʃi'pa:le]   hauptsächlich, Haupt-

il principale [printʃi'pa:le]   Chef *m*

il principio, *pl* i principi   Prinzip *n*, Grundsatz *m*;
[prin'tʃi:pio, -i]   Anfang *m*

per principio [per prin'tʃi:pio]   aus Prinzip

in/al principio   am Anfang
[im/al prin'tʃi:pio]

privato, a [pri'va:to, -a]   privat, Privat-

lezioni private   Privatstunden *f pl*, Nachhilfe-
[let'tsio:ni pri'va:te]   stunden *f pl*

il privato [pri'va:to]   Privatperson *f*

probabile [pro'ba:bile]   wahrscheinlich

probabilmente   wahrscheinlich
[probabil'mente] *adv*

il problema, *pl* i problemi   Problem *n*
[pro'blɛ:ma, -i]

produrre (prodotto)   erzeugen, herstellen; hervor-
[pro'durre (pro'dotto)]   bringen

la produzione [produt'tsio:ne]   Produktion *f*, Erzeugung *f*

la professione [profes'sio:ne]   Beruf *m*

il professore, la professo-   Lehrer *m*, Lehrerin *f*
ressa
[profes'so:re, professo'ressa]

la profondità [profondi'ta] *inv*   Tiefe *f*

profondo, a [pro'fondo, -a]   tief; tiefgründig; gründlich

il profumo [pro'fu:mo]   Duft *m*; Parfum *n*

il progetto [pro'dʒɛtto]   Projekt *n*, Plan *m*, Entwurf *m*

il programma, *pl* i programmi   Programm *n*
[pro'gramma, -i]

il progresso [pro'grɛsso]   Fortschritt *m*

proibire (proibito)   verbieten
[proi'bi:re (proi'bi:to)]

proibito fumare!   Rauchen verboten!
[proi'bi:to fu'ma:re]

ingresso proibito agli   Unbefugten Zutritt verboten!
estranei! [iŋ'grɛsso proi'bi:to
aʎʎes'tra:nei]

la promessa [pro'messa]
fare una promessa a qn
['fa:re 'u:na pro'messa a ...]

promettere (di fare qc)
(promesso) [pro'mettere (di
'fa:re ...) (pro'messo)]

pronto, a ['pronto, -a]

pronto! ['pronto]

pronunciare, pronunziare
[pronun'tʃa:re, pronun'tsia:re]

proporre (proposto)
[pro'porre (pro'posto)]

proporsi di fare qc
[pro'porsi di 'fa:re ...]

il proposito [pro'pɔ:zito]

a proposito [a ppro'pɔ:zito]
di proposito [di pro'pɔ:zito]
la proposta [pro'posta]
la proprietà [proprie'ta] *inv*

proprio, a, *pl* propri, proprie
['prɔ:prio, -ia, -i, -ie]
in senso proprio
[in 'sɛnso 'prɔ:prio]
*viene con la propria
macchina* ['viɛ:ne kon la
'prɔ:pria 'makkina]

proprio ['prɔ:prio] *adv*
è proprio così!
['ɛ p'prɔ:prio ko'si]
proprio mentre volevo partire
['prɔ:prio 'mentre vo'le:vo
par'ti:re]

il prospetto [pros'pɛtto]
prossimo, a ['prɔssimo, -a]
domenica prossima
[do'me:nika 'prɔssima]
la prossima volta
[la 'prɔssima 'vɔlta]
il prossimo ['prɔssimo]
proteggere (da/contro)
(protetto) [pro'tɛddʒere (da/
'kontro) (pro'tɛtto)]

Versprechen *n*
jdm ein Versprechen geben

versprechen (etw zu tun)

fertig; bereit; schnell, flink

hallo! *(am Telefon)*
aussprechen; halten *(Rede)*;
verkünden *(Urteil)*
vorschlagen

sich vornehmen etw zu tun

Vorsatz *m*, Vorhaben *n*,
Absicht *f*
übrigens
absichtlich
Vorschlag *m*
Eigentum *n*, Besitz *m*; Eigen-
art *f*
eigen; eigentümlich

im eigentlichen Sinne

er kommt mit seinem eigenen
Auto

gerade, wirklich
es ist wirklich so!

gerade als ich abreisen wollte

Prospekt *m*
nächste, kommende
(am) nächsten Sonntag

das nächste Mal

Nächste *m*
schützen, beschützen (vor),
verteidigen (gegen); fördern

la prova ['prɔ:va]   Versuch *m*; Probe *f*; Prüfung *f*;
Beweis *m*

mettere alla prova   auf die Probe stellen
['mettere 'alla 'prɔ:va]

fornire la prova   den Beweis liefern
[for'ni:re la 'prɔ:va]

fare una prova   einen Versuch machen
['fa:re 'u:na 'prɔ:va]

le prove scritte   schriftliche Prüfungen *f pl*
[le 'prɔ:ve s'kritte]

provare [pro'va:re]   versuchen; prüfen; beweisen

provare dolore   Schmerzen empfinden
[pro'va:re do'lo:re]

la provincia, *pl* le province   Provinz *f*
[pro'vintʃa, -e]

in provincia [im pro'vintʃa]   in der/die Provinz, auf dem/das
Land

provocare [provo'ka:re]   hervorrufen; provozieren

pubblico, a,   öffentlich, Staats-
pl pubblici, pubbliche
['pubbliko, -a, -tʃi, -ke]

in pubblico [im 'pubbliko]   öffentlich

opere pubbliche   öffentliche Arbeiten *f pl*
['ɔ:pere 'pubblike]

opinione púbblica   öffentliche Meinung *f*
[opi'njo:ne 'pubblika]

il pubblico ['pubbliko]   Publikum *n*; Öffentlichkeit *f*

pulire [pu'li:re]   reinigen, putzen; polieren

pulito, a [pu'li:to, -a]   rein, sauber

punire [pu'ni:re]   bestrafen

la punta ['punta]   Spitze *f*; Gipfel *m*; Stich *m*

a punta [a p'punta]   spitz

in punta [im 'punta]   an der Spitze

il punto ['punto]   Punkt *m*; Stelle *f*, Ort *m*;
Stich *m*; Augenblick *m*

a che punto siamo?   wie weit sind wir?
[a kke p'punto 'sja:mo]

alle sette in punto   Punkt 7 Uhr
['alle 'sɛtte im 'punto]

di punto in bianco   plötzlich, unerwartet
[di 'punto im 'bjanko]

puntuale [puntu'a:le]   pünktlich

pure ['pu:re] *adv/conj*   auch; doch; sogar; obgleich

si sieda pure! [si 'sjɛ:da 'pu:re]   setzen Sie sich doch!

puro, a [ˈpuːro, -a]   rein; klar; echt
  acqua pura [ˈakku̯a ˈpuːra]   sauberes/klares Wasser
  è la pura verità   das ist die reine Wahrheit
  [ˈɛ lla ˈpuːra veriˈta]
purtroppo [purˈtrɔppo]   leider

Q

qua [ku̯a]   hier; hierher
quadro, a [ˈku̯aːdro, -a]   viereckig; quadratisch
il quadro [ˈku̯aːdro]   Quadrat *n*; Bild *n*
qualche [ˈku̯alke]   irgendein; einige, ein paar;
                                        manche(r, s)

  qualche cosa di buono   (irgend) etwas Gutes
  [ˈku̯alke kˈkɔːsa di ˈbu̯ɔːno]
  qualche giorno   einige Tage
  [ˈku̯alke dˈdʒorno]
  qualche volta   manchmal, gelegentlich
  [ˈku̯alke vˈvɔlta]
  in qualche modo   irgendwie
  [iŋ ˈku̯alke mˈmɔːdo]
qualcosa [ku̯alˈkɔːsa]   etwas
qualcuno, a [ku̯alˈkuːno, -a]   irgendein, irgend jemand
quale [ˈku̯aːle] *adj/prn*   welche(r, s); der, die, das; als
  quale direttore?   welcher Direktor?
  [ˈku̯aːle diretˈtoːre]
  quale direttore Le dico   als Direktor sage ich Ihnen
  [ˈku̯aːle diretˈtoːre le ˈdiːko]
  il direttore, il quale   der Direktor, welcher/der
  [il diretˈtoːre il ˈku̯aːle]
la qualità [ku̯aliˈta] *inv*   Qualität *f*; Eigenschaft *f*
qualsiasi [ku̯alˈsiːasi] *inv*   beliebig
  un giorno qualsiasi   ein beliebiger Tag
  [un ˈdʒorno ku̯alˈsiːasi]
qualunque [ku̯aˈluŋku̯e]   irgendein; jede(r, s) beliebige
  qualunque cosa   was auch immer
  [ku̯aˈluŋku̯e ˈkɔːsa]
quando [ˈku̯ando]   wann?; als, wenn
  da quando [da kˈku̯ando]   seit wann, seit
  di quando in quando   dann und wann
  [di ˈku̯ando iŋ ˈku̯ando]
la quantità [ku̯antiˈta] *inv*   Menge *f*; Quantität *f*

quanto ['kuanto]
adj/prn/adv
wieviel; wie sehr; wie lange

tanto ... quanto
['tanto ... 'kuanto]
ebenso ... wie

quanti ne abbiamo oggi?
['kuanti ne ab'bia:mo 'ɔddʒi]
den Wievielten haben wir heute?

è ricco quanto me
['ɛ r'rikko 'kuanto 'me]
er ist ebenso reich wie ich

(in) quanto a me
[(iŋ) 'kuanto a m'me]
was mich betrifft

quanto dura ancora?
['kuanto 'du:ra aŋ'ko:ra]
wie lange dauert es noch?

ho fatto quanto potevo
[ɔ f'fatto 'kuanto po'te:vo]
ich habe getan, was ich konnte

il quartiere [kuar'tiɛ:re]
Quartier *n*; Unterkunft *f*

quartiere della città
[kuar'tiɛ:re 'della tʃit'ta]
Stadtviertel *n*

quarto, a ['kuarto, -a]
vierte

al quarto piano
[al 'kuarto 'pia:no]
im vierten Stock

il quarto ['kuarto]
Viertel *n*; vierte Teil *m*

un quarto d'ora
[uŋ 'kuarto 'do:ra]
eine Viertelstunde

le otto e un quarto
[le 'ɔtto e uŋ 'kuarto]
Viertel nach 8

le otto meno un quarto
[le 'ɔtto 'me:no uŋ 'kuarto]
Viertel vor 8

un quarto di latte
[uŋ 'kuarto di 'latte]
ein Viertel(liter) Milch

quasi ['kua:zi]
fast, beinahe

quasi che ['kua:zi ke]
als ob

quattro ['kuattro]
vier

quello, a ['kuello, -a] *adj/prn*
jene(r, s)

quello che ['kuello ke]
derjenige, welcher

la questione [kues'tio:ne]
Frage *f*; Angelegenheit *f*

questo, a ['kuesto, -a] *adj/prn*
diese(r, s)

per questo [per 'kuesto]
deshalb

con questo [koŋ 'kuesto]
damit

questo sabato
['kuesto 'sa:bato]
nächsten Samstag

quest'altr'anno
['kuest al'tranno]
nächstes Jahr

questa mattina
['kuesta mat'ti:na]
heute morgen

qui [kui]
  da qui a Mantova
  [da k'kui a 'mantova]
  fin laggiù [fin lad'dʒu]
  di qui a una settimana
  [di 'kui a 'u:na setti'ma:na]
  fin qui [fiŋ 'kui]
quindi ['kuindi] *conj/adv*
il quintale [kuin'ta:le]
  mezzo quintale
  ['mɛddzo kuin'ta:le]
quotidiano, a [kuoti'dia:no, -a]
il quotidiano [kuoti'dia:no]

hier; hierher
von hier bis Mantua

bis dort unten
in einer Woche

bis hier(her), bis heute
also, so; dann, darauf
Doppelzentner *m*
Zentner *m*

täglich
Tageszeitung *f*

R

raccogliere (raccolto)
  [rak'kɔʎʎere (rak'kɔlto)]
la raccolta [rak'kɔlta]
raccomandare
  [rakkoman'da:re]
la raccomandata
  [rakkoman'da:ta]
raccontare [rakkon'ta:re]
il racconto [rak'konto]
la radio ['ra:dio] *inv*
  alla radio ['alla 'ra:dio]
  apparecchio radio
  [appa'rekkio 'ra:dio]
il raffreddore [raffred'do:re]
  prendere il raffreddore
  ['prɛndere il raffre'do:re]
il ragazzo, la ragazza
  [ra'gattso, -a]
il raggio, *pl* i raggi ['raddʒo, -i]
  i raggi del sole
  [i 'raddʒi del 'so:le]
raggiungere (raggiunto)
  [rad'dʒundʒere (rad'dʒunto)]
la ragione [ra'dʒo:ne]

ernten; sammeln; aufheben

Ernte *f*; Sammlung *f*
empfehlen, raten; einschreiben *(Brief)*
Einschreiben *n (Brief)*

erzählen
Erzählung *f*
Radio *n*, Rundfunk *m*
im Rundfunk
Radiogerät *n*

Erkältung *f*
sich erkälten

Junge *m*, junger Mann *m*; Mäd-
chen *n*
Strahl *m*; Radius *m*; Umkreis *m*
Sonnenstrahlen *m pl*

erreichen

Vernunft *f*; Grund *m*, Ursache *f*
Anlaß *m*; Recht *n*

per questa ragione [per 'kuesta ra'dʒo:ne]	aus diesem Grund
a ragione [a rra'dʒo:ne]	mit Recht
avere ragione [a've:re ra'dʒo:ne]	recht haben
perdere la ragione ['pɛrdere la ra'dʒo:ne]	den Verstand verlieren
rapido, a ['ra:pido, -a]	schnell
il rapido ['ra:pido]	Schnellzug *m*
il rapporto [rap'pɔrto]	Bericht *m*; Beziehung *f*, Verhältnis *n*
in rapporto a [in rap'pɔrto a]	im Vergleich zu, in bezug auf
essere in buoni rapporti con qn ['ɛssere im 'buo̯:ni rap'pɔrti kon …]	zu jdm gute Beziehungen haben
rappresentare [rapprezen'ta:re]	darstellen; aufführen; vertreten
raro, a ['ra:ro, -a]	selten; seltsam; spärlich
il rasoio (elettrico), *pl* i rasoi (elettrici) [ra'so:i̯o (e'lɛttriko), -i (-tʃi)]	(elektrische) Rasierapparat *m*
la razza ['rattsa]	Rasse *f*; Art *f*
il re [re] *inv*	König *m*
reale [re'a:le]	wirklich, tatsächlich; königlich
realizzare [realid'dza:re]	verwirklichen, realisieren
la realtà [real'ta] *inv*	Wirklichkeit *f*; Tatsache *f*
recente [re'tʃɛnte]	neu; jüngst
recentemente [retʃente'mente] *adv*	kürzlich
il reddito ['rɛddito]	Einkommen *n*
il regalo [re'ga:lo]	Geschenk *n*
la regione [re'dʒo:ne]	Gegend *f*, Gebiet *n*; Bereich *m*; Region *f*
la relazione [relat'tsi̯o:ne]	Beziehung *f*; Verbindung *f*
la religione [reli'dʒo:ne]	Religion *f*
rendere (reso) ['rɛndere ('re:so)]	zurückgeben; leisten
rendere possibile ['rɛndere pos'si:bile]	möglich machen
questo lavoro rende poco ['kuesto la'vo:ro 'rɛnde 'pɔ:ko]	diese Arbeit bringt wenig ein
il reparto [re'parto]	Abteilung *f*
la repubblica, *pl* le repubbliche [re'pubblika, -e]	Republik *f*

la Repubblica Federale — Bundesrepublik *f*
[la re'pubblika fede'ra:le]

resistere (a) (resistito) — widerstehen; Widerstand lei-
[re'sistere (a) (resis'ti:to)] — sten; aushalten

resistere al calore/freddo — hitze-/kältebeständig sein
[re'sistere al ka'lo:re/'freddo]

respingere (respinto) — zurückstoßen; zurückweisen;
[res'pindʒere (res'pinto)] — ablehnen

respingere il nemico — den Feind zurückschlagen
[res'pindʒere al ne'mi:ko]

è stato respinto — er ist durchgefallen *(Examen)*
[ɛ s'ta:to res'pinto]

respirare [respi'ra:re] — atmen

il respiro [res'pi:ro] — Atem *m*; Ruhe *f*; Frist *f*

restare [res'ta:re] — bleiben; übrigbleiben

restare seduto — sitzen bleiben
[res'ta:re se'du:to]

restare in piedi — stehen bleiben
[res'ta:re im 'piɛ:di]

il resto ['rɛsto] — Rest *m*

del resto [del 'rɛsto] — übrigens, im übrigen

la rete ['re:te] — Netz *n*

la ricchezza [rik'kettsa] — Reichtum *m*

ricco, a, *pl* ricchi, ricche (di) — reich (an); herrlich
['rikko, -a ,-i, -e]

ricco d'acqua ['rikko 'dakkṵa] — wasserreich

ricco di fantasia — phantasievoll
['rikko di fanta'zi:a]

la ricerca, *pl* le ricerche — Suche *f*; Forschung *f*; Unter-
[ri'tʃerka, -e] — suchung *f*

la ricetta [ri'tʃɛtta] — Rezept *n*

ricevere [ri'tʃe:vere] — empfangen, erhalten

la ricevuta [ritʃe'vu:ta] — Quittung *f*, Empfangsbeschei-
— nigung *f*

richiamare [riki̯a'ma:re] — zurückrufen

richiamare l'attenzione su — die Aufmerksamkeit lenken
[riki̯a'ma:re latten'tsi̯o:ne su] — auf

la richiesta [ri'ki̯ɛsta] — Frage *f*; Antrag *m*; Forde-
— rung *f*; Nachtrag *f*

riconoscere (riconosciuto) — erkennen, wiedererkennen;
[riko'noʃʃere (rikonoʃ'ʃu:to)] — anerkennen; zugeben

ricordare (qc a qn) — (jdn an etw) erinnern
[rikor'da:re (... a ...)]

ricordarsi di [rikor'darsi (di)] — sich erinnern an

ridere (di) (riso) ['ri:dere ('ri:so)] — lachen (über)

ridicolo, a [ri'di:kolo, -a] — lächerlich

ridurre (a) (ridotto) [ri'durre (a) (ri'dotto)] — verringern (auf); machen (zu)

ridurre qn alla ragione [ri'durre ... 'alla ra'dʒo:ne] — jdn wieder zur Vernunft bringen

la riduzione [ridut'tsio:ne] — Verringerung *f*; Rabatt *m*

una riduzione di prezzo ['u:na ridut'tsio:ne di 'prɛttso] — ein Preisnachlaß

una riduzione dei prezzi ['u:na ridut'tsio:ne 'de:i 'prɛttsi] — eine Preissenkung

riempire (di) [riem'pi:re (di)] — füllen (mit); ausfüllen *(Formular)*

rientrare [rien'tra:re] — wieder eintreten; zurückkommen

rifiutare [rifiu'ta:re] — ablehnen; verweigern

la riflessione [rifles'sio:ne] — Überlegung *f*

riflettere (a/su) [ri'flɛttere (a/su)] — überlegen, nachdenken, (über); spiegeln

riguardare [riguar'da:re] — (wieder) betrachten; betreffen

riguardarsi [riguar'darsi] — sich in acht nehmen

per quel che mi riguarda [per 'kuel ke mmi ri'guarda] — was mich angeht; meiner Meinung nach

il riguardo [ri'guardo] — Rücksicht *f*; Umsicht *f*

una persona di riguardo ['u:na per'so:na di ri'guardo] — eine angesehene Persönlichkeit

un uomo senza riguardo [u'nuɔ:mo 'sɛntsa ri'guardo] — ein rücksichtsloser Mensch

(in) riguardo a [(in) ri'guardo a] — in bezug auf, im Hinblick auf

rimanere (rimasto) [rima'ne:re (ri'masto)] — bleiben

rimanere meravigliato [rima'ne:re meraviʎ'ʎa:to] — erstaunt sein

rimettere (rimesso) [ri'mettere (ri'messo)] — wieder stellen/setzen/legen; übergeben; verschieben

ha rimesso [a rri'messo] — er hat sich übergeben

rimproverare [rimprove'ra:re] — vorwerfen

ringraziare (qn di/per qc) [riŋgrat'tsia:re (... di/per ...)] — (jdm für etw) danken

rinnovare [rinno'va:re] — erneuern

rinunciare (a) [rinun't ʃa:re (a)] — verzichten (auf)

riparare [ripa'ra:re] — reparieren, ausbessern; ersetzen *(Schaden)*

ripetere [ri'pɛ:tere] — wiederholen

riportare [ripor'ta:re] — zurückbringen; berichten; übertragen

riportare un'impressione [ripor'ta:re unimpres'sio:ne] — einen Eindruck gewinnen

riportare un danno [ripor'ta:re un 'danno] — einen Schaden erleiden

riposare [ripo'sa:re] — ruhen

riposarsi [ripo'sarsi] — (sich) ausruhen; sich erholen

il riposo [ri'pɔ:so] — Ruhe *f*, Erholung *f*; Schlaf *m*

buon riposo! ['buon ri'pɔ:so] — angenehme Ruhe!

riprendere (ripreso) [ri'prɛndere (ri'pre:so)] — wieder (auf)nehmen, zurücknehmen, wieder beginnen

il riscaldamento [riskalda'mento] — Heizung *f*

il riscaldamento a carbone [il riskalda'mento a kkar'bo:ne] — Kohleheizung *f*

il riscaldamento centrale [il riskalda'mento tʃen'tra:le] — Zentralheizung *f*

riscaldare [riskal'da:re] — wärmen; heizen

rischiare (di) [ris'kia:re (di)] — wagen, riskieren; Gefahr laufen (zu)

il rischio, *pl* i rischi ['riskio, -i] — Gefahr *f*; Risiko *n*

riservare [riser'va:re] — reservieren

riservarsi (di) [riser'varsi (di)] — sich vorbehalten (zu)

il riso ['ri:so] — Reis *m*

il riso, la risata ['ri:so, ri'sa:ta] — Lachen *n*

risolvere (risolto) [ri'sɔlvere (ri'sɔlto)] — lösen; beschließen

risolvere un problema [ri'sɔlvere um pro'blɛ:ma] — ein Problem lösen

la risorsa [ri'sorsa] — (Hilfs-)Mittel *n*

le risorse [le ri'sorse] — Geldmittel *pl*; Ressourcen *pl*

non avere risorse, non avere alcuna risorsa [non a've:re ri'sorse, non a've:re al'ku:na re'sorsa] — mittellos sein

risparmiare [rispar'mia:re] — sparen; ersparen

il risparmio [ris'parmio] — Sparen *n*; Ersparnis *f*

rispettare [rispet'ta:re] — achten, beachten

il rispetto [ris'pɛtto] — Achtung *f*, Respekt *m*

il rispetto della legge [il ris'pɛtto 'della 'leddʒe] — die Achtung vor dem Gesetz

mancare di rispetto (a) [maŋ'ka:re di ris'pɛtto (a)] — keinen Respekt haben (vor)

rispondere (a) (risposto)　antworten, beantworten; ent-
[ris'pondere (a) (ris'posto)]　sprechen
　rispondere di qc　etw verantworten
　[ris'pondere di ...]
la risposta [ris'posta]　Antwort *f*; Erwiderung *f*
il ristorante [risto'rante]　Restaurant *n*
il risultato [risul'ta:to]　Ergebnis *n*, Resultat *n*
ritardare [ritar'da:re]　sich verspäten; verzögern, auf-
　schieben
　abbiamo ritardato di un'ora　wir haben uns um eine Stunde
　[ab'bịa:mo ritar'da:to di u'no:ra]　verspätet
il ritardo [ri'tardo]　Verspätung *f*; Verzögerung *f*,
　Verzug *m*
　sono in ritardo di dieci minuti　ich habe mich um 10 Minuten
　['so:no in ri'tardo di 'diɛ:tʃi　verspätet
　mi'nu:ti]
ritenere [rite'ne:re]　zurückhalten; halten (für)
　ritenere necessario　es für nötig halten
　[rite'ne:re netʃes'sa:rịo]
　lo ritengo onesto　ich halte ihn für aufrichtig
　[lo ri'tɛngo o'nɛsto]
ritirare [riti'ra:re]　zurückziehen, zurücknehmen;
　abholen
　ritirare una cambiale　einen Wechsel einlösen
　[riti'ra:re 'u:na kam'bịa:le]
　ritirarsi [riti'rarsi]　sich zurückziehen; zurücktre-
　ten; einlaufen *(Stoff)*
il ritorno [ri'torno]　Rückkehr *f*; Rückfahrt *f*; Rück-
　sendung *f*
la riunione [riu'nịo:ne]　Vereinigung *f*; Versammlung *f*
riunire [riu'ni:re]　vereinigen; verbinden; ver-
　sammeln
　riunirsi [riu'nirsi]　zusammenkommen, sich ver-
　sammeln
riuscire [riuʃ'ʃi:re]　gelingen; Erfolg haben
　(ci) sono riuscito　es ist mir gelungen
　[(tʃi) 'so:no riuʃ'ʃi:to]
la riva ['ri:va]　Ufer *n*
rivedere (rivisto, riveduto)　wiedersehen; durchsehen
　[rive'de:re (ri'visto, rive'du:to)]
　rivedere i prezzi　die Preise ändern
　[rive'de:re i 'prɛttsi]
　a rivederci!, arrivederci!　auf Wiedersehen!
　[a rrive'dertʃi]

rivelare [rive'la:re] — enthüllen, offenbaren
rivelare un segreto — ein Geheimnis verraten
[rive'la:re un se'gre:to]
rivolgere (rivolto) — richten; wenden
[ri'voldʒere (ri'volto)]
rivolgersi (a) [ri'voldʒersi (a)] — sich wenden/richten (an)
mi rivolgo a Lei — ich wende mich an Sie
[mi ri'volgo a l'lɛ:i]
la rivoluzione [rivolut'tsjo:ne] — Revolution *f*
la roba ['rɔ:ba] — Sachen *f pl*; Zeug *n*, Kram *m*
rompere (rotto) — (zer)brechen; zerreißen; zer-
['rompere ('rotto)] — stören
rompersi la testa — sich den Kopf zerbrechen
['rompersi la 'tɛsta]
rosa ['rɔ:za] *inv* — rosa
la rosa ['rɔ:za] — Rose *f*
rosso, a ['rosso, -a] — rot
rosso chiaro/cupo — hell-/dunkelrot
['rosso 'kja:ro/'ku:po]
rotondo, a [ro'tondo, -a] — rund
rovesciare [roveʃ'ʃa:re] — umkehren, wenden; umwerfen
rubare [ru'ba:re] — stehlen
il rubinetto [rubi'netto] — Hahn *m (Wasser, Gas)*
il rubinetto dell'acqua — Wassserhahn *m*
[il rubi'netto del'lakkua]
il rumore [ru'mo:re] — Geräusch *n*; Lärm *m*
il ruolo ['rwɔ:lo] — Rolle *f*; Verzeichnis *n*
la ruota ['rwɔ:ta] — Rad *n*

S

sabato ['sa:bato] *m* — Samstag *m*, Sonnabend *m*
(*cf* domenica)
la sabbia ['sabbja] — Sand *m*
il sacco, *pl* i sacchi ['sakko, -i] — Sack *m*; Menge *f*
un sacco di soldi — eine Menge Geld
[un 'sakko di 'sɔldi]
il sacrificio, *pl* i sacrifici — Opfer *n*
[sakri'fi:tʃo, -i]
fare un sacrificio — Opfer bringen
['fa:re un sakri'fi:tʃo]
sacro, a ['sa:kro, -a] — heilig

la sala ['sa:la] — Saal *m*; Zimmer *n*

la sala d'aspetto — Wartesaal *m*
[la 'sa:la das'pɛtto]

la sala da pranzo — Eßzimmer *n*
[la 'sa:la da p'prandzo]

il salario, *pl* i salari [sa'la:rịo, -i] — Lohn *m*

salato, a [sa'la:to, -a] — salzig; gesalzen

un conto salato — eine gepfefferte Rechnung
[uŋ 'konto sa'la:to]

risposta salata — bissige Antwort
[ris'posta sa'la:ta]

il sale ['sa:le] — Salz *n*

salire [sa'li:re] — ansteigen; einsteigen; hinauf-
steigen

sono salito sul treno — ich bin in den Zug eingestie-
['so:no sa'li:to sul 'trɛ:no] — gen

saltare [sal'ta:re] — springen; überspringen

saltare in aria [sal'ta:re i'na:rịa] — explodieren

saltare dall'alto in basso — von oben herunterspringen
[sal'ta:re dal'lalto im 'basso]

far saltare un ponte — eine Brücke sprengen
['far sal'ta:re um 'ponte]

la salumeria [salume'ri:a] — Wurstwarengeschäft *n*

salutare [salu'ta:re] — grüßen; begrüßen

la salute [sa'lu:te] — Gesundheit *f*

di buona salute — gesund
[di 'buɔ:na sa'lu:te]

alla Sua salute! — auf Ihr Wohl!
['alla 'su:a sa'lu:te]

il saluto [sa'lu:to] — Gruß *m*; Begrüßung *f*

con cordiali saluti — mit herzlichen Grüßen
[koŋ kor'dịa:li sa'lu:ti]

salvare [sal'va:re] — retten, in Sicherheit bringen

salvarsi (da qc) — sich (vor etw) schützen
[sal'varsi (da …)]

si salvi chi può! — rette sich, wer kann!
[si 'salvi ki p'puɔ]

il sangue ['saŋgue] — Blut *n*

sano, a ['sa:no, -a] — gesund; unversehrt

sano e salvo ['sa:no e s'salvo] — wohlbehalten

santo, a ['santo,-a] — heilig

sapere (di) [sa'pe:re (di)] — wissen, können; kennen;
erfahren; schmecken (nach)

sa nuotare ['sa nnuo'ta:re] — er kann schwimmen

sa l'italiano ['sa llita'li̯a:no]	er kann Italienisch
non so dove abiti [non 'sɔ d'do:ve 'a:biti]	ich weiß nicht, wo er wohnt
mi faccia sapere quanto costa [mi 'fattʃa sa'pe:re 'ku̯anto 'kɔsta]	lassen Sie mich wissen, was es kostet
questo vino sa d'aceto ['ku̯esto 'vi:no 'sa dda'tʃe:to]	dieser Wein schmeckt nach Essig
la sapienza [sa'pi̯ɛntsa]	Weisheit *f*
il sapone [sa'po:ne]	Seife *f*
il sapore [sa'po:re]	Geschmack *m*
il sarto, la sarta ['sarto, -a]	Schneider *m*, Schneiderin *f*
sbagliare [zbaʎ'ʎa:re]	Fehler machen
sbagliarsi [zbaʎ'ʎarsi]	sich irren, sich täuschen
sbagliare porta [zbaʎ'ʎa:re 'pɔrta]	sich in der Tür irren
lo sbaglio, *pl* gli sbagli ['zbaʎʎo, -i]	Fehler *m*, Irrtum *m*, Versehen *n*
fare/commettere uno sbaglio ['fa:re/ko'mettere 'u:no z'baʎʎo]	einen Irrtum begehen, sich irren
per sbaglio [per 'zbaʎʎo]	aus Versehen, versehentlich
sbattere ['zbattere]	klopfen; schleudern
sbattere la porta ['zbattere la 'pɔrta]	die Tür zuschlagen
sbrigare [zbri'ga:re]	erledigen; abfertigen
sapersela sbrigare [sa'persela zbri'ga:re]	sich zu helfen wissen
si sbrighi! [si z'bri:gi]	beeilen Sie sich!
sbrigati! ['zbri:gati]	beeile dich!
la scala ['ska:la]	Treppe *f*; Leiter *f*; Skala *f*, Maßstab *m*
salire/scendere le scale [sa'li:re/'ʃendere le s'ka:le]	eine Treppe hinauf-/hinuntergehen
scambiare (con) [skam'bi̯a:re (kon)]	austauschen; vertauschen; verwechseln (mit)
lo scambio, *pl* gli scambi ['skambi̯o, -i]	Austausch *m*
scambio di merci ['skambi̯o di 'mɛrtʃi]	Güteraustausch *m*, Warenverkehr *m*
scappare [ska'pa:re]	entweichen; entkommen; entgleiten; weglaufen
gli è scappato [ʎɛ skap'pa:to]	es ist ihm herausgerutscht
scaricare [skari'ka:re]	entladen, ausladen

la scarpa ['skarpa] — Schuh *m*

la scatola ['ska:tola] — Schachtel *f*; Dose *f*

scegliere (scelto) — wählen; aussuchen
['ʃeʎʎere ('ʃelto)]

la scelta ['ʃelta] — Wahl *f*; Auswahl *f*, Auslese *f*
a scelta [a ʃ'ʃelta] — nach Wahl/Belieben

la scena ['ʃɛ:na] — Szene *f*; Bühne *f*; Schau-platz *m*

scendere (sceso) — hinuntergehen; hinabsteigen;
['ʃendere ('ʃe:so)] — aussteigen; sinken *(Preise)*

scherzare [sker'tsa:re] — scherzen

lo scherzo ['skertso] — Scherz *m*, Witz *m*
per scherzo [per 'skertso] — aus Spaß
scherzi a parte! — Spaß beiseite!
['skertsi a p'parte]

lo sci [ʃi] *inv* — Ski *m*; Skilaufen *n*

sciare [ʃi'a:re] — Ski laufen

scientifico, a, — wissenschaftlich
pl scientifici, scientifiche
[ʃen'ti:fiko, -a, -tʃi, -ke]

la scienza ['ʃɛntsa] — Wissenschaft *f*

la sciocchezza [ʃok'kettsa] — Dummheit *f*; Lappalie *f*

sciogliere (sciolto) — lösen, auflösen
['ʃɔʎʎere ('ʃɔlto)]

lo sciopero ['ʃɔ:pero] — Streik *m*

lo scolaro, la scolara — Schüler *m*, Schülerin *f*
[sko'la:ro, -a]

scomparire (scomparso) — verschwinden
[skompa'ri:re (skom'parso)]

lo scompartimento — Abteilung *f*; Abteil *n*
[skomparti'mento]

sconosciuto, a — unbekannt, fremd
[skonoʃ'ʃu:to, -a]

scontento, a (di) — unzufrieden (mit)
[skon'tɛnto, -a]

lo sconto ['skonto] — Rabatt *m*; Diskont *m*
mi fanno il venti per cento di — ich erhalte 20% Rabatt
sconto [mi 'fanno il 'venti per
'tʃɛnto di s'konto]

lo scontrino [skon'tri:no] — Schein *m*, Zettel *m*

la scoperta [sko'pɛrta] — Entdeckung *f*

lo scopo ['skɔ:po] — Zweck *m*, Ziel *n*, Absicht *f*
allo/con lo scopo di — zwecks
['allo/kon lo s'kɔ:po di]

scoppiare [skop'pia:re]
la guerra scoppia
[la 'guerra s'kɔppia]

explodieren; zerbrechen
der Krieg bricht aus

il fuoco scoppia
[il 'fuɔ:ko s'kɔppia]

das Feuer bricht aus

una gomma scoppia
['u:na 'gomma s'kɔppia]

ein Reifen platzt

fare scoppiare
['fa:re skop'pia:re]

sprengen

scoppia dal ridere
['skɔppia dal 'ri:dere]

er bricht in Lachen aus

scoprire (scoperto)
[sko'pri:re (sko'pɛrto)]

abdecken; entdecken

scorso, a ['skorso, -a]
l'anno scorso ['lanno s'korso]

letzte, vergangene, vorige
voriges Jahr

la scritta ['skritta]

Aufschrift f

scrivere (scritto)
['skri:vere ('skritto)]

schreiben

la scuola ['skuɔ:la]
andare a scuola
[an'da:re a s'kuɔ:la]

Schule f
zur Schule gehen

essere a scuola
['ɛssere a s'kuɔ:la]

in der Schule sein

scuro, a ['sku:ro, -a]

dunkel; finster

la scusa ['sku:za]

Entschuldigung f; Ausrede f;
Rechtfertigung f

con la scusa di
[kon la s'ku:za di]

unter dem Vorwand

domandare scusa a qn
[doman'da:re s'ku:za a …]

jdn um Verzeihung bitten

scusare [sku'za:re]
mi scusi! [mi s'ku:zi]

entschuldigen
entschuldigen Sie!

se [se]
se no [se n'nɔ]

wenn, falls; ob
wenn nicht, sonst, andernfalls

sé [se]
da sé (stesso)
[da s'se (s'tesso)]

sich
selbst, allein; selbständig; von
selbst

dentro di sé ['dentro di 'se]

bei sich selbst

sebbene [seb'bɛ:ne]

obwohl

secco, a, pl secchi, secche
['sekko, -a, -i, -e]

trocken, dürr; herb (Wein)

il secolo ['sɛ:kolo]

Jahrhundert n; Zeitalter n

secondo, a [se'kondo, -a]

zweite

secondo [se'kondo] prp

gemäß, entsprechend, nach

la sede ['sɛ:de]	Sitz *m*; Geschäftsstelle *f*
sedere [se'de:re]	setzen, hinsetzen
essere/stare seduto	sitzen
['ɛssere/'sta:re se'du:to]	
sedersi [se'dersi]	sich setzen
la sedia ['sɛ:dia]	Stuhl *m*
il segnale [seɲ'ɲa:le]	Signal *n*, Zeichen *n*; Schild *n*
i segnali stradali	Verkehrszeichen *n pl*
[i seɲ'ɲa:li stra'da:li]	
segnare [seɲ'ɲa:re]	anmerken; aufzeichnen
il segno ['seɲɲo]	Zeichen *n*; Anzeichen *n*
la segreteria [segrete'ri:a]	Sekretariat *n*
segreto, a [se'gre:to, -a]	geheim; verschwiegen
il segreto [se'gre:to]	Geheimnis *n*
seguente [se'guɛnte]	folgend, nachstehend
seguire [se'gui:re]	folgen; entlanggehen; befolgen *(Rat)*
segue ['se:gue]	Fortsetzung folgt
il seguito ['se:guito]	Folge *f*; Gefolge *n*
in/di seguito [in/di 'se:guito]	dann, darauf, anschließend
sei ['sɛ:i]	sechs
il semaforo [se'ma:foro]	(Verkehrs-)Ampel *f*
sembrare [sem'bra:re]	scheinen, erscheinen; den Anschein haben
sembra triste ['sembra 'triste]	er sieht traurig aus
sembra che sia malato	er scheint krank zu sein
['sembra ke s'si:a ma'la:to]	
semplice ['semplitʃe]	einfach, schlicht; einfältig
sempre ['sɛmpre]	immer; immer noch; ebenfalls
sempre che sia possibile	vorausgesetzt, daß es möglich ist
['sɛmpre ke s'si:a pos'si:bile]	
il senso ['sɛnso]	Sinn *m*, Bedeutung *f*; Richtung *f*
il buonsenso [il buon'sɛnso]	gesunder Menschenverstand *m*
in questo senso	in diesem Sinne
[iŋ 'kuesto 'sɛnso]	
non ha senso [no'na s'sɛnso]	das hat keinen Sinn
il sentimento [senti'mento]	Gefühl *n*; Meinung *f*
sentire [sen'ti:re]	fühlen; bemerken; hören; empfinden
non sente bene	er hört nicht gut
[non 'sɛnte 'bɛ:ne]	
sentirsi [sen'tirsi]	sich fühlen

senza (di) ['sɛntsa (di)]   ohne
  senza che ['sɛntsa ke]   ohne daß
  senza motivo   ohne Grund, grundlos
  ['sɛntsa mo'ti:vo]
  senza dire nulla/niente   ohne etwas zu sagen
  ['sɛntsa 'di:re 'nulla/'niɛnte]
separare [sepa'ra:re]   trennen
la sera ['se:ra]   Abend *m*
  stasera [sta'se:ra]   heute abend
la serata [se'ra:ta]   Abend *m*
sereno, a [se're:no, -a]   heiter; ruhig
il sereno [se're:no]   heitere Himmel *m*
  è tornato il sereno   es hat sich wieder aufgehei-
  [ɛ ttor'na:to il se're:no]   tert; es ist wieder Ruhe ein-
         gekehrt
la serie ['sɛ:rie] *inv*   Serie *f*; Reihe *f*; Folge *f*
la serietà [serie'ta]   Ernst *m*
serio, a ['sɛ:rio, -a]   ernst; ernsthaft, zuverlässig
servire [ser'vi:re]   dienen; bedienen, servieren;
         brauchen
  gli servì da pretesto   das diente ihm als Vorwand
  [ʎi ser'vi dda ppre'tɛsto]
  non serve a nulla/niente   es taugt (zu) nichts
  [non 'sɛrve a n'nulla/n'niɛnte]
  servirsi (di) [ser'virsi (di)]   sich (einer Sache) bedienen
  si serva! [si 'sɛrva]   bedienen Sie sich!
il servizio [ser'vittsio]   Dienst *m*; Bedienung *f*;
         Service *n (Geschirr)*
  essere di servizio   Dienst haben
  ['ɛssere di ser'vittsio]
  rendere servizio a qn   jdm einen Dienst erweisen
  ['rɛndere ser'vittsio a …]
la seta ['se:ta]   Seide *f*
la sete ['se:te]   Durst *m*
  avere sete [a've:re 'se:te]   Durst haben, durstig sein
sette ['sɛtte]   sieben
settembre [set'tɛmbre] *m*   September *m*
  (*cf* agosto)
settentrionale [settentrio'na:le]   nördlich, Nord-
  l'Italia settentrionale   Norditalien
  [li'ta:lia settentrio'na:le]
la settimana [setti'ma:na]   Woche *f*
  in settimana [in setti'ma:na]   im Laufe der Woche
la sfortuna [sfor'tu:na]   Unglück *n*, Pech *n*

sfortunato, a [sfortu'na:to, -a]   unglücklich
sfortunatamente   unglücklicherweise
[sfortunata'mente] *adv*
lo sforzo ['sfɔrtso]   Anstrengung *f*, Mühe *f*
lo sguardo ['zgu̯ardo]   Blick *m*
dare uno sgardo a qc   einen Blick werfen auf
['da:re u:no z'gu̯ardo a …]
sì [si]   ja
si [si]   sich
si vede [si 've:de]   man sieht
si è lavato [si ɛ lla'va:to]   er hat sich gewaschen
sia … sia ['si:a …'si:a]   sowohl … als auch
la sicurezza [siku'rettsa]   Sicherheit *f*
sicuro, a [si'ku:ro, -a]   sicher, gewiß; zuverlässig
la sigaretta [siga'retta]   Zigarette *f*
significare [siɲɲifi'ka:re]   bedeuten
che significa ciò?   was soll das heißen?
[ke ssiɲ'ɲi:fika 'tʃɔ]
il significato [siɲɲifi'ka:to]   Bedeutung *f*
la signora [siɲ'ɲo:ra]   Frau *f*; Ehefrau *f*
il signore [siɲ'ɲo:re]   Herr *m*
la signorina [siɲɲo'ri:na]   Fräulein *n*
il silenzio [si'lɛntsi̯o]   Schweigen *n*, Stille *f*, Ruhe *f*
silenzio! [si'lɛntsi̯o]   still!, Ruhe!
silenzioso, a [silen'tsi̯o:so, -a]   still, ruhig; schweigsam
simile (a) ['si:mile (a)]   ähnlich; derartig, solch
la simpatia [simpa'ti:a]   Sympathie *f*
avere simpatia per qn   jdn gut leiden können
[a've:re simpa'ti:a per …]
simpatico, a,   sympathisch; angenehm
pl simpatici, simpatiche
[sim'pa:tiko, -a, -tʃi, -ke]
sincero, a [sin'tʃɛ:ro, -a]   aufrichtig, ehrlich
singolo, a ['siŋgolo, -a]   einzeln
la sinistra [si'nistra]   Linke *f*, linke Hand *f*
a sinistra (di) [a ssi'nistra (di)]   links (von); nach links
sinistro, a [si'nistro, -a]   links; verhängnisvoll, unheimlich
il sistema, *pl* i sistemi   System *n*
[sis'tɛ:ma, -i]
la situazione [situat'tsi̯o:ne]   Situation *f*, Lage *f*; Stellung *f*
smarrire [zmar'ri:re]   verlegen
smarrirsi [zmar'rirsi]   sich verirren
smarrito, a [zmar'ri:to, -a]   bestürzt, verwirrt

smettere (smesso) aufhören
['zmettere (zmesso)]
smettere di parlare aufhören zu sprechen
['zmettere di par'la:re]
sociale [so'tʃa:le] sozial, Sozial-
la società [sotʃe'ta] *inv* Gesellschaft *f*; Vereinigung *f*;
  Verein *m*
il soffio, *pl* i soffi ['soffio, -i] Atem *m*; Hauch *m*
soffocare [soffo'ka:re] ersticken; erwürgen; unter-
  drücken
soffrire (di) (sofferto) leiden (an/unter); dulden,
[sof'fri:re (di) (sof'fɛrto)] erdulden
soffre la fame ['sɔffre la 'fa:me] er leidet Hunger
non mi può soffrire er kann mich nicht leiden
[nom mi 'puɔ ssof'fri:re]
il soggetto [sod'dʒɛtto] Gegenstand *m*; Thema *n*,
  Stoff *m*
il soggiorno [sod'dʒorno] Aufenthalt *m*; Wohnzimmer *n*
sognare [soɲ'ɲa:re] träumen
il sogno ['soɲɲo] Traum *m*
il soldato [sol'da:to] Soldat *m*
fare il soldato Soldat sein, dienen
['fa:re il sol'da:to]
i soldi ['sɔldi] *pl* Geld *n*
il sole ['so:le] Sonne *f*
c'è il sole ['tʃɛ il 'so:le] die Sonne scheint
al sole [al 'so:le] an die Sonne, in der Sonne
solito, a ['sɔ:lito, -a] gewöhnlich, üblich
come al solito wie gewöhnlich
['ko:me al 'sɔ:lito]
solo, a ['so:lo, -a] allein
solo, solamente nur, erst
['so:lo, sola'mente] *adv*
solo/solamente ieri erst gestern
['so:le/sola'mente 'iɛ:ri]
soltanto [sol'tanto] nur; erst
la soluzione [solut'tsio:ne] Lösung *f*
trovare la soluzione di un pro- die Lösung für ein Problem
blema [tro'va:re la solut'tsio:ne finden
di um pro'blɛ:ma]
la somma ['somma] Summe *f*, Betrag *m*
il sonno ['sonno] Schlaf *m*
avere sonno [a've:re 'sonno] schläfrig/müde sein
sopportare [soppor'ta:re] ertragen

sopra ['so:pra] *prp/adv* — auf; über; oben

soprattutto [soprat'tutto] — vor allem, besonders

sordo, a ['sordo, -a] — taub

il sordo, la sorda ['sordo, -a] — Taube *m/f*

la sorella [so'rɛlla] — Schwester *f*

sorgere (sorto) ['sordʒere ('sorto)] — sich erheben; entstehen

il sole sorge [il 'so:le 'sordʒe] — die Sonne geht auf

sorpassare [sorpas'sa:re] — übersteigen; überholen

sorprendere (sorpreso) [sor'prɛndere (sor'pre:so)] — überraschen; erwischen, ertappen

la sorpresa [sor'pre:sa] — Überraschung *f*; Erstaunen *n*

sorridere (di) (sorriso) [sor'ri:dere (di) (sor'ri:so)] — lächeln (über)

la sorte ['sɔrte] — Schicksal *n*

sostare [sos'ta:re] — halten, haltmachen

sostenere [soste'ne:re] — stützen, unterstützen; tragen; behaupten

sostenere gli esami [soste'ne:re ʎʎe'za:mi] — Prüfungen ablegen

sostituire [sostitu'i:re] — ersetzen; vertreten

sottile [sot'ti:le] — dünn; fein; subtil

sotto ['sotto] *prp/adv* — unter; unten, hinunter

sottoscrivere (sottoscritto) [sottos'kri:vere (sottos'kritto)] — unterzeichnen

gli spaghetti [spa'getti] *pl* — Spaghetti *pl*

la spalla ['spalla] — Schulter *f*, Achsel *f*

le spalle [le s'palle] — Rücken *m*

alle spalle di qn ['alle s'palle di ...] — hinter jds Rücken

spaventare qn [spaven'ta:re] — jdn erschrecken

spaventarsi [spaven'tarsi] — erschrecken

lo spazio, *pl* **gli spazi** ['spattsio, -i] — Raum *m*, Platz *m*; Weltraum *m*

lo spazzolino (per denti, da denti) [spattso'li:no (per 'dɛnti, da d'dɛnti)] — Zahnbürste *f*

lo specchio, *pl* **gli specchi** ['spɛkkio, -i] — Spiegel *m*

speciale [spe'tʃa:le] — besondere, Sonder-, Spezial-

lo specialista, *pl* **gli specialisti** [spetʃa'lista, -i] — Spezialist *m*

la specialità [spetʃali'ta] *inv* — Spezialität *f*

la specie ['spɛ:tʃe] *inv* — Art *f*, Sorte *f*; Gattung *f*

che specie di [ke s'pɛ:tʃe di] — was für (ein)

spedire [spe'di:re] — schicken, senden

spegnere (spento) ['spɛɲɲere ('spɛnto)] — löschen, ausmachen; abstellen

spenga la luce! ['spɛŋga la 'lu:tʃe] — löschen Sie das Licht!

spendere (speso) ['spɛndere ('spe:so)] — ausgeben; aufwenden

ho speso un occhio della testa [ɔ s'pe:so u'nɔkkio 'della 'tɛsta] — es hat mich ein Heidengeld gekostet

la speranza [spe'rantsa] — Hoffnung *f*, Zuversicht *f*; Erwartung *f*

pieno di speranza ['pjɛ:no di spe'rantsa] — hoffnungsvoll

senza speranza ['sɛntsa spe'rantsa] — hoffnungslos

sperare [spe'ra:re] — hoffen, erhoffen, erwarten

la spesa ['spe:sa] — Ausgabe *f*

le spese [le s'pe:se] — Kosten *pl*, Auslagen *pl*

è andata a fare la spesa [ɛ an'da:ta a f'fa:re la s'pe:sa] — sie ist einkaufen gegangen

spesso ['spesso] — oft

lo spettacolo [spet'ta:kolo] — Vorstellung *f*, Schauspiel *n*; Anblick *m*

la spiaggia, *pl* le spiagge ['spjaddʒa, -e] — Strand *m*

gli spiccioli [spit'tʃo:li] *pl* — Kleingeld *n*

spiegare [spje'ga:re] — erklären

spiegarsi [spje'garsi] — sich ausdrücken

non so se mi spiego! [non 'sɔ sse mmi s'pjɛ:go] — ich weiß nicht, ob ich mich deutlich ausgedrückt habe

spingere (spinto) ['spindʒere ('spinto)] — stoßen, drücken, schieben; drängen

lo spirito ['spi:rito] — Geist *m*; Verstand *m*; Witz *m*

sporco, a, *pl* sporchi, sporche ['sporko, -a, -i, -e] — schmutzig

lo sport [spɔrt] *inv* — Sport *m*

fare dello sport ['fa:re 'dello s'pɔrt] — Sport treiben

lo sportello [spor'tɛllo] — Schalter *m*; Flügel *m* (Fenster); Tür *f* (Auto)

sportivo, a [spor'ti:vo, -a] — Sport-, sportlich
 il campo sportivo — Sportfeld *n*
 [il 'kampo spor'ti:vo]
 la giacca sportiva — Sportjacke *f*
 [la 'dʒakka spor'ti:va]
 scarpe sportive — Sportschuhe *m pl*
 ['skarpe spor'ti:ve]
sposare qn [spo'za:re] — jdn heiraten; trauen
 sposarsi (con) [spo'zarsi (kon)] — sich verheiraten (mit), heiraten
la squadra ['skua:dra] — Gruppe *m*; Mannschaft *f (Sport)*
lo stabilimento [stabili'mento] — Gründung *f*; Vereinbarung *f*;
 Betrieb *m*

stabilire [stabi'li:re] — festsetzen, festlegen
 stabilire un primato — einen Rekord aufstellen
 [stabi'li:re um pri'ma:to]
 stabilire una data — einen Termin festlegen
 [stabi'li:re 'u:na 'da:ta]
 stabilirsi [stabi'lirsi] — sich niederlassen
staccare [stak'ka:re] — lösen; abtrennen
la stagione [sta'dʒo:ne] — Jahreszeit *f*
stamattina [stamat'ti:na] — heute morgen
la stampa ['stampa] — Druck *m*; Presse *f*
 in corso di stampa — im Druck
 [iŋ 'korso di s'tampa]
la stanchezza [staŋ'kettsa] — Müdigkeit *f*
stanco, a, *pl* stanchi, stanche — müde
 ['staŋko, -a, -i, -e]
 sono stanco di aspettare — ich habe es satt, zu warten
 ['so:no s'taŋko di aspet'ta:re]
stanotte [sta'nɔtte] — heute nacht
la stanza ['stantsa] — Zimmer *n*
stare ['sta:re] — stehen, sein; bleiben; wohnen;
 passen
 come sta? ['ko:me s'ta] — wie geht es Ihnen?
 questo cappello mi sta bene/ — dieser Hut steht mir gut/
 male ['kuesto kap'pɛllo mi s'ta — schlecht
 b'bɛ:ne/m'ma:le]
 questo gli starebbe — das würde ihm (gut) passen
 ['kuesto ʎʎi sta'rɛbbe]
 Le sta bene! [le s'ta b'bɛ:ne] — es geschieht Ihnen recht!
 dove sta di casa? — wo wohnen Sie?
 ['do:ve s'ta ddi 'ka:sa]
 sta mangiando — er ißt gerade
 [sta mman'dʒando]

stasera [sta'se:ra]	heute abend
lo stato ['sta:to]	Staat *m*; Stand *m*; Zustand *m*
la stazione [stat'tsi̯o:ne]	Bahnhof *m*; Station *f*; Haltestelle *f*
la stella ['stella]	Stern *m*; Star *m* *(Film)*
stendere (steso) ['stɛndere ('ste:so)]	ausstrecken; ausbreiten; aufhängen *(Wäsche)*
stesso, a ['stesso, -a] *adj/adv*	derselbe; gleich; selbst
io stesso ['i:o s'tesso]	ich selbst
la stima ['sti:ma]	Wertschätzung *f*
con tutta stima [kon 'tutta s'ti:ma]	hochachtungsvoll *(Brief)*
stimare [sti'ma:re]	schätzen; einschätzen, bewerten
lo stipendio, *pl* gli stipendi [sti'pɛndi̯o, -i]	Gehalt *n*
stirare [sti'ra:re]	strecken, dehnen; bügeln
la stoffa ['stɔffa]	Stoff *m*
lo stomaco, *pl* gli stomachi/stomaci ['stɔ:mako, -i/-tʃi]	Magen *m*
mal di stomaco ['mal di s'tɔ:mako]	Magenschmerzen *m pl*
la storia ['stɔ:ri̯a]	Geschichte *f*
storico, a, *pl* storici, storiche ['stɔ:riko, -a, -tʃi, -ke]	historisch, Geschichts-
la strada ['stra:da]	Straße *f*; Weg *m*
la prima strada a destra/sinistra [la'pri:ma s'tra:da a d'dɛstra/ssi'nistra]	die erste Straße rechts/links
un pezzo di strada [um 'pɛttso di s'tra:da]	ein Stück Wegs
questa strada conduce a Genova ['ku̯esta s'tra:da kon'du:tʃe a d'dʒɛ:nova]	diese Straße führt nach Genua
strada facendo ['stra:da fa'tʃɛndo]	unterwegs
stradale [stra'da:le]	Straßen-, Verkehrs-
i segnali stradali [i seɲ'pa:li stra'da:li]	Verkehrsschilder *n pl*
straniero, a [stra'ni̯ɛ:ro, -a]	ausländisch; fremd
lo staniero [stra'ni̯ɛ:ro]	Ausländer *m*
strano, a ['stra:no, -a]	seltsam, merkwürdig

straordinario, a, außergewöhnlich
  pl straordinari, straordinarie
  [straordi'na:rio, -a, -i, -e]
lo straordinario Überstunden *f pl*
  [straordi'na:rio]
strappare [strap'pa:re] reißen; zerreißen
stretto, a ['stretto, -a] eng, schmal; knapp
  un' amicizia stretta eine enge Freundschaft
  [unami't∫ittsia s'tretta]
lo stretto ['stretto] Engpaß *m*; Meerenge *f*
stringere (stretto) drücken; schließen *(Freund-*
  ['strind3ere ('stretto)] *schaft)*; drängen *(Zeit)*
  stringere la mano a qn jdm die Hand drücken
  ['strind3ere la 'ma:no a ...]
lo strumento [stru'mento] Werkzeug *n*; Instrument *n*
lo studente [stu'dɛnte] Schüler *m*; Student *m*
studiare [stu'dia:re] lernen; studieren; forschen
lo studio, *pl* gli studi Studium *n*; Forschung *f*;
  ['stu:dio, -i] Atelier *n*; Arbeitszimmer *n*;
  Praxis *f*
la stufa ['stu:fa] Ofen *m*
stupido, a ['stu:pido, -a] dumm
su [su] *prp/adv* auf; über; oben, hinauf, herauf
  su! [su] vorwärts!
  sul Po [sul 'pɔ] am Po
  su per giù ['su pper 'd3u] ungefähr
  su e giù ['su e d'd3u] auf und ab
subire [su'bi:re] erleiden
subito ['su:bito] sofort
succedere (successo) geschehen, passieren; (nach-)
  [sut't∫e:dere (sut't∫ɛsso)] folgen
  che cosa è successo? was ist hier passiert?
  [ke 'kɔ:sa ɛ ssut't∫ɛsso]
il successo [sut't∫ɛsso] Erfolg *m*
  con successo [kon sut't∫ɛsso] erfolgreich
  senza successo erfolglos
  ['sɛntsa sut't∫ɛsso]
il sud [sud] Süden *m*
  a sud (di) [a s'sud (di)] im Süden, südlich (von)
sufficiente [suffi't∫ɛnte] ausreichend
  sufficientemente genug
  [suffit∫ɛnte'mente] *adv*
  ha il sufficente per vivere er hat genug zum Leben
  ['a il suffi't∫ɛnte per 'vi:vere]

suo, a, *pl* suoi, sue
['su:o, -a, 'suo:i, 'su:e]
sein(e), ihr(e), Ihr(e)

il suolo ['suo:lo]
Boden *m*

suonare [suo'na:re]
klingeln, läuten; klingen; spielen *(Instrument)*

sta suonando
['sta suo'nando]
es klingelt

le otto suonate
[le 'otto suo'na:te]
acht Uhr genau

suonano le sette
['suo:nano le 'sette]
es schlägt 7 Uhr

il suono ['suo:no]
Klang *m*, Ton *m*, Laut *m*; Schall *m*

superare [supe'ra:re]
überwinden, übertreffen; überholen

superare gli esami
[supe'ra:re ʎʎe'za:mi]
ein Examen bestehen

superare un pericolo
[supe'ra:re um pe'ri:kolo]
eine Gefahr überstehen

superbo, a (di)
[su'pɛrbo, -a (di)]
stolz (auf)

superiore (a) [supe'rio:re (a)]
obere; höher (als); überlegen

il superiore [supe'rio:re]
Vorgesetzte *m*

il supplemento [supple'mento]
Ergänzung *f*; Zuschlag *m*, Zulage *f*

supporre (supposto)
[sup'porre (sup'posto)]
annehmen, vermuten; voraussetzen

supponiamo che
[suppo'nia:mo ke]
nehmen wir an, daß

supponga che sia vero!
[sup'ponga ke s'si:a 've:ro]
nehmen Sie einmal an, es sei wahr!

svegliare [zveʎ'ʎa:re]
wecken

svegliarsi [zveʎ'ʎarsi]
aufwachen

svelto, a ['zvɛlto, -a]
schnell

lo sviluppo [zvi'luppo]
Entwicklung *f*

la svista ['zvista]
Versehen *n*

per svista [per 'zvista]
aus Versehen, versehentlich

svizzero, a ['zvittsero, -a]
schweizerisch

lo svizzero ['zvittsero]
Schweizer *m*

svolgere (svolto)
['zvɔldʒere ('zvɔlto)]
aufwickeln, aufrollen; entfalten; ausführen

svolgersi ['zvɔldʒersi]
ablaufen; sich abspielen

T

il tabaccaio, *pl* i tabaccai — Tabakhändler *m*
[tabak'ka:io, -i]

il tabacco, *pl* i tabacchi — Tabak *m*
[ta'bakko, -i]

tacere (taciuto) — schweigen, verschweigen
[ta'tʃe:re (ta'tʃu:to)]

la taglia ['taʎʎa] — Gestalt *f*; Größe *f* *(Kleidung)*

tagliare [taʎ'ʎa:re] — schneiden

tale ['ta:le] — solch; so ein; derartig
in tal caso [in tal 'ka:zo] — in solchem Fall
tale e quale ['ta:le e k'ku̯a:le] — so wie es ist, genauso
il signor Tal dei Tali — Herr Soundso
[il siɲ'ɲor 'tal 'de:i 'ta:li]

tanto, a ['tanto, -a] *adj/adv* — so viel; so sehr; so lange
tanto meglio ['tanto 'mɛʎʎo] — um so besser
tanto quanto ['tanto 'ku̯anto] — soviel wie
di tanto in tanto — dann und wann
[di 'tanto in 'tanto]
ogni tanto ['oɲɲi 'tanto] — ab und zu
ha tanti libri che — er hat so viele Bücher, daß
['a t'tanti 'li:bri ke]

tardare (a fare qc) — sich verspäten; zögern; verzögern
[tar'da:re (a f'fa:re …)]

tardi ['tardi] — spät
più tardi ['pi̯u t'tardi] — später
al più tardi [al 'pi̯u t'tardi] — spätestens
fare tardi [fa:re 'tardi] — sich verspäten

la targa, *pl* le targhe ['targa, -e] — Schild *n*; Nummernschild *n* *(Auto)*

la tasca, *pl* le tasche ['taska, -e] — Tasche *f*
avere le tasche piene di qc — von etw die Nase voll haben
[a've:re le 'taske 'pi̯ɛ:ne di …]

la tassa ['tassa] — Gebühr *f*; Steuer *f*

il tassì [tas'si] *inv* — Taxi *n*

la tavola ['ta:vola] — (Eß-)Tisch *m*; Tabelle *f*
apparecchiare la tavola — den Tisch decken
[apparek'ki̯a:re la 'ta:vola]
mettersi a tavola — sich zu Tisch setzen
['mettersi a t'ta:vola]
mettere in tavola — auftragen
['mettere in 'ta:vola]

il **tavolino** [tavo'li:no]	Tischchen *n*
il tavolino di lavoro [il tavo'li:no di la'vo:ro]	Arbeitstisch *m*
stare a tavolino ['sta:re a ttavo'li:no]	bei der Arbeit sitzen
mettersi al tavolino ['mettersi al tavo'li:no]	sich an die Arbeit machen
il **tavolo** ['ta:volo]	Tisch *m*
la **tazza** ['tattsa]	Tasse *f*
una tazza di caffè ['u:na 'tattsa di kaf'fɛ]	eine Tasse Kaffee
una tazza da caffè ['u:na 'tattsa da kkaf'fɛ]	eine Kaffeetasse
te [te]	dich; dir
di te [di 'te]	deiner, von dir
come te ['ko:me t'te]	wie du
povero te! ['pɔ:vero 'te]	du Armer!
il **tè** [tɛ] *inv*	Tee *m*
il **teatro** [te'a:tro]	Theater *n*; Schauplatz *m*
tecnico, a, *pl* tecnici, tecniche ['tɛkniko, -a, -tʃi, -ke]	technisch; Fach-
tedesco, a, *pl* tedeschi, tedesche [te'desko, -a, -i, -e]	deutsch
il **tedesco, la tedesca** [te'desko, -a]	Deutsche *m/f*
telefonare (a qn) [telefo'na:re]	(jdn) anrufen, telefonieren
la **telefonata** [telefo'na:ta]	Anruf *m*, Telefongespräch *n*
il **telefono** [te'lɛ:fono]	Telefon *n*
dare un colpo di telefono a qn ['da:re uŋ 'kolpo di te'lɛ:fono a ...]	jdn anrufen
il **telegramma,** *pl* i telegrammi [tele'gramma, -i]	Telegramm *n*
la **teleselezione** [teleselet'tsio:ne]	Durchwahl(einrichtung) *f*
la **televisione** [televi'zio:ne]	Fernsehen *n*
il **televisore** [televi'zo:re]	Fernsehgerät *n*
temere [te'me:re]	fürchten, befürchten
temere qn [te'me:re ...]	sich vor jdm fürchten
la **temperatura** [tempera'tu:ra]	Temperatur *f*
il **tempo** ['tɛmpo]	Zeit *f*; Wetter *n*
a tempo debito [a t'tɛmpo 'de:bito]	zu gegebener Zeit

(giusto) in tempo [('dʒusto) in 'tɛmpo]	rechtzeitig
al tempo di [al 'tɛmpo di]	zur Zeit
di tempo in tempo [di 'tɛmpo in 'tɛmpo]	von Zeit zu Zeit
un'ora di tempo [u'no:ra di 'tɛmpo]	eine Stunde Zeit
con un tempo simile [kon un 'tɛmpo 'si:mile]	bei einem solchen Wetter
fa bel tempo]'fa b'bɛl 'tɛmpo]	es ist gutes Wetter
il temporale [tempo'ra:le]	Gewitter *n*, Unwetter *n*
la tenda ['tɛnda]	Vorhang *m*, Gardine *f*; Zelt *n*
tendere (a) (teso) ['tɛndere (a) ('te:so)]	streben (nach); reichen, spannen
tendere la mano a qn ['tɛndere la 'ma:no a ...]	jdm die Hand reichen
tenere [te'ne:re]	halten
tenerci a [te'nertʃi a]	Wert legen auf
tentare [ten'ta:re]	versuchen; reizen
il tentativo [tenta'ti:vo]	Versuch *m*
il termine ['tɛrmine]	Grenze *f*; Frist *f*; Termin *m*; Ende *n*, Ziel *n*
termine tecnico ['tɛrmine 'tɛkniko]	Fachausdruck *m*
la terra ['tɛrra]	Erde *f*; Land *n*; Boden *m*
a terra, per terra [a t'tɛrra, per 'tɛrra]	auf dem/den Boden
il terreno [ter're:no]	Boden *m*, Erde *f*; Grundstück *n*
terribile [ter'ri:bile]	schrecklich, furchtbar
terzo, a ['tɛrtso, -a]	dritte
il terzo ['tɛrtso]	Dritte *m*; Drittel *n*
il tessuto [tes'su:to]	Stoff *m*; Gewebe *n*
i tessuti [i tes'su:ti]	Textilien *pl*
la testa ['tɛsta]	Kopf *m*; Verstand *m*
il testo ['tɛsto]	Text *m*
il tetto ['tetto]	Dach *n*
tiepido, a ['tiɛ:pido, -a]	lau(warm)
tingere (tinto) ['tindʒere ('tinto)]	färben
la tintoria [tinto'ri:a]	Färberei *f*; (chemische) Reinigung *f*
il tipo ['ti:po]	Typ *m*; Muster *n*
tirare [ti'ra:re]	ziehen; schießen; werfen
tirare a sorte [ti'ra:re a s'sorte]	losen

tirare un sasso
[ti'ra:re un 'sasso]
einen Stein werfen

tirarsi indietro
[ti'rarsi in'djɛ:tro]
sich aus der Affäre ziehen

il titolo ['ti:tolo]
Titel *m*; Anrede *f*

a titolo di [a t'ti:tolo di]
(in der Eigenschaft) als

toccare [tok'ka:re]
anfassen, berühren; betreffen

i bambini toccano tutto
[i bam'bi:ni 'tokkano 'tutto]
Kinder fassen alles an

a chi tocca? [a k'ki t'tokka]
wer ist an der Reihe?

tocca a me (di)
['tokka a m'me (di)]
ich bin an der Reihe, es ist an mir (zu)

togliere (tolto) ['tɔʎʎere ('tɔlto)]
nehmen, wegnehmen; entziehen

togliere la parola a qn
['tɔʎʎere la pa'rɔ:la a …]
jdm das Wort entziehen

togliersi la giacca
['tɔʎʎersi la 'dʒakka]
die Jacke ausziehen

la toletta [to'letta]
Toilette *f*

fare toletta ['fa:re to'letta]
Toilette machen

il tono ['tɔ:no]
Ton *m*; Farbton *m*

torbido, a ['torbido, -a]
trübe, unklar

tornare [tor'na:re]
zurückkommen; umkehren

la torre ['torre]
Turm *m*

il torto ['tɔrto]
Unrecht *n*

avere torto [a've:re 'tɔrto]
unrecht haben

fare torto a qn
['fa:re 'tɔrto a …]
jdm schaden; jdm unrecht tun

a torto [a t'tɔrto]
zu Unrecht

totale [to'ta:le]
ganz

totalmente [total'mente] *adv*
ganz, völlig

tra [tra] (*cf* fra)
zwischen; unter; in, binnen; bei

la tradizione [tradit'tsjo:ne]
Tradition *f*

tradurre (tradotto)
[tra'durre (tra'dotto)]
übersetzen

la traduzione
[tradut'tsjo:ne]
Übersetzung *f*

il traffico, *pl* i traffici
['traffiko, -tʃi]
Verkehr *m*; Handel *m*

arteria del traffico
[ar'tɛ:rja del 'traffiko]
Hauptverkehrsstraße *f*

il tram [tram] *inv*
Straßenbahn *f*

tramontare [tramon'ta:re]
untergehen

tranquillo, a [traŋ'ku̯illo, -a] ruhig, friedlich, still; unbesorgt

stia tranquillo! seien Sie unbesorgt!
['sti:a traŋ'ku̯illo]

trascorrere (trascorso) verbringen *(Ferien)*; vergehen
[tras'korrere (tras'korso)] *(Zeit)*

trasmettere (trasmesso) übertragen; senden *(Radio)*
[traz'mettere (traz'messo)]

trasportare [traspor'ta:re] fortschaffen, transportieren,
befördern

trattare [trat'ta:re] behandeln; verhandeln
trattare bene/male gut/schlecht behandeln
[trat'ta:re 'bɛ:ne/'ma:le]
trattare da amico als Freund behandeln
[trat'ta:re da a'mi:ko]
trattare la pace über den Frieden verhandeln
[trat'ta:re la 'pa:tʃe]
di che cosa si tratta? worum handelt es sich?
[di ke k'kɔ:sa si 'tratta]

il trattato [trat'ta:to] Vertrag *m*, Abkommen *n*;
Abhandlung *f*

trattenere [tratte'ne:re] zurückhalten; aufhalten; ein-
behalten

trattenersi [tratte'nersi] sich aufhalten
la trattenuta [tratte'nu:ta] Abzug *m (Lohn)*
il tratto ['tratto] Strich *m*; (Charakter-)Zug *m*,
Merkmal *n*; Strecke *f*

d'un tratto, a un tratto auf einmal, plötzlich
[dun 'tratto, a un 'tratto]

tre [tre] drei
tremare (di/da) zittern vor
[tre'ma:re (di/da)]
trema di/dal freddo er zittert vor Kälte
['trɛ:ma di/dal 'freddo]

il treno ['trɛ:no] Zug *m*
trenta ['trenta] dreißig
il tribunale [tribu'na:le] Gericht *n*, Gerichtshof *m*
triste (per) ['triste (per)] traurig (über); düster
la tristezza [tris'tettsa] Traurigkeit *f*
troppo, a ['trɔppo, -a] zu viel
troppo ['trɔppo] *adv* zu sehr; zu
troppo lavoro ['trɔppo la'vo:ro] zuviel Arbeit
troppo grande zu groß
['trɔppo 'grande]

troppo poco ['trɔppo 'pɔ:ko]	zu wenig
troppo tardi/presto ['trɔppo 'tardi/'prɛsto]	zu spät/früh
Le piace? – non troppo [le 'pi̯a:tʃe – non 'trɔppo]	gefällt es Ihnen? – nicht besonders
trovare [tro'va:re]	finden; treffen; erfinden
dove posso trovare ['do:ve p'pɔsso tro'vare]	wo kann ich bekommen
trovarsi [tro'varsi]	sich finden, sich befinden
trovarsi bene [tro'varsi 'bɛ:ne]	sich wohl fühlen
tu, te, ti [tu, te, ti]	du; dich; dir
tuo, a, *pl* tuoi, tue ['tu:o, -a, 'tu̯ɔ:i, 'tu:e]	dein
il tuono ['tu̯ɔ:no]	Donner *m*
turbare [tur'ba:re]	stören; verwirren
il turista, *pl* i turisti [tu'rista, -i]	Tourist *m*
turistico, a, *pl* turistici, turistiche [tu'ristiko, -a, -tʃi, -ke]	touristisch, Reise-
l'assegno turistico [las'seɲɲo tu'ristiko]	Reisescheck *m*
il turno ['turno]	Reihenfolge *f*; Schicht *f* *(Arbeit)*; Dienst *m*
lavorare a turno [lavo'ra:re a t'turno]	Schicht arbeiten
essere di turno ['ɛssere di 'turno]	Dienst haben
è il mio turno ['ɛ il 'mi:o 'turnɔ]	ich bin an der Reihe
tuttavia [tutta'vi:a] *conj/adv*	jedoch, dennoch; trotzdem
tutto, a ['tutto, -a]	ganz
tutto ['tutto] *adv*	ganz, durchaus
tutti e due, tutte e due ['tutti e d'du:e, 'tutte e d'du:e]	alle beide
tutti i giorni ['tutti i 'dʒorni]	alle Tage
del tutto [del 'tutto]	völlig
in tutto [in 'tutto]	im ganzen
tutto d'un colpo ['tutto dun 'kolpo]	plötzlich, mit einem Schlag
questo è tutto ['ku̯esto 'ɛ t'tutto]	das ist alles
è tutto contento ['ɛ t'tutto kon'tɛnto]	er ist sehr zufrieden

U

ubriaco, a, *pl* ubriachi,   betrunken
ubriache [ubri'a:ko, -a, -i, -e]

l'uccello [ut'tʃɛllo] *m*   Vogel *m*

uccidere (ucciso)   töten, umbringen; vernichten
[ut'tʃi:dere (ut'tʃi:zo)]

ufficiale [uffi'tʃa:le]   offiziell, amtlich

l'ufficiale [uffi'tʃa:le] *m*   Beamte *m*; Offizier *m*

l'ufficio *m, pl* gli uffici   Büro *n*; Amt *n*
[uf'fi:tʃo, -i]

uguale [u'gwa:le]   gleich

ugualmente [ugwal'mente] *adv*   gleich, gleichermaßen

ultimo, a ['ultimo, -a]   letzte; äußerste

ultime notizie   neueste Nachrichten *f pl*
['ultime no'tittsje]

in/da ultimo [in/da 'ultimo]   zuletzt

l'umanità [umani'ta] *f*   Menschheit *f*; Menschlichkeit *f*

umano, a [u'ma:no, -a]   menschlich, menschenfreund-
lich

il genere umano   Menschen *m pl*
[il 'dʒɛ:nere u'ma:no]

umido, a ['u:mido, -a]   feucht, naß

l'umore [u'mo:re] *m*   Stimmung *f*, Laune *f*; Humor *m*

di buon/cattivo umore   guter/schlechter Laune
[di 'bwon/kat'ti:vo u'mo:re]

undici ['unditʃi]   elf

unico, a, *pl* unici, uniche   einzig; unvergleichlich; allein
['u:niko, -a, -tʃi, -ke]

è figlia unica ['ɛ f'fiʎʎa 'u:nika]   sie ist die einzige Tochter

l'unione [u'njo:ne] *f*   Verbindung *f*; Zusammen-
schluß *m*, Vereinigung *f*

unire [u'ni:re]   vereinigen; verbinden

unirsi (a) [u'nirsi (a)]   sich verbinden; sich anschlie-
ßen (an)

l'unità [uni'ta] *f inv*   Einheit *f*

l'università [universi'ta] *f inv*   Universität *f*

uno/un, una ['u:no/un, 'u:na]   ein(e); eins

l'uomo, *pl* gli uomini   Mensch *m*; Mann *m*
['wɔ:mo, 'wɔ:mini]

l'uovo, *pl* le uova ['wɔ:vo, -a]   Ei *n*

un uovo sodo   hartgekochtes Ei *n*
[u'nwɔ:vo 'sɔ:do]

uova ad occhio di bue, uova al tegamino ['uɔ:va a'dɔkkio di 'bu:e, 'uɔva al tega'mi:no] — Spiegeleier *n pl*

urbano, a [ur'ba:no, -a] — städtisch, Stadt-

urgente [ur'dʒɛnte] — dringend

urtare (contro) [ur'ta:re ('kontro)] — stoßen (gegen); anfahren; verletzen

usare [u'za:re] — anwenden, gebrauchen; verbrauchen

usare qc [u'za:re …] — etw benutzen

mi usi la cortesia di [mi 'u:zi la korte'zi:a] — seien Sie so liebenswürdig und

usato, a [u'za:to, -a] — gebraucht; verbraucht, abgenutzt

uscire (di/da) [uʃ'ʃi:re (di/da)] — hinausgehen; herauskommen

è uscito [ɛ uʃ'ʃi:to] — er ist nicht zu Hause

è uscito proprio ora [ɛ uʃ'ʃi:to 'prɔ:prio 'o:ra] — es ist soeben erschienen *(Buch)*

l'uscita [uʃ'ʃi:ta] — Ausgang *m*, Ausfahrt *f*; Ausweg *m*; Ausgabe *f*

trovare una via d'uscita [tro'va:re 'u:na 'vi:a duʃ'ʃi:ta] — einen Ausweg finden

l'uso ['u:zo] *m* — Gebrauch *m*; Anwendung *f*; Sitte *f*

d'uso ['du:zo] — gebräuchlich; in Gebrauch

fuori d'uso ['fuɔ:ri 'du:zu] — ungebräuchlich; außer Gebrauch

è d'uso in Italia ['ɛ d'du:zo in i'ta:lia] — das ist in Italien üblich

fare buon uso di qc ['fa:re buo'nu:zo di …] — etw gut verwenden

utile ['u:tile] — nützlich, brauchbar

l'uva ['u:va] *f* — Weintraube *f*

V

le vacanze [va'kantse] *pl* — Ferien *pl*, Urlaub *m*

andare in vacanza [an'da:re in va'kantsa] — in Ferien/Urlaub fahren

il vaglia ['vaʎʎa] *inv* — Anweisung *f (Geld)*

il vaglia postale [il 'vaʎʎa pos'ta:le] — Postanweisung *f*

il vagone [va'go:ne] — Waggon *m*

valere (valso) — gelten; wert sein
[va'le:re ('valso)]

non vale nulla/niente — das ist nichts wert
[non 'va:le 'nulla/'ni̯ɛnte]

che vale? ['ke v'va:le] — was nützt das?

vale a dire che — das bedeutet, daß
['va:le a d'di:re ke]

valido, a ['va:lido, -a] — gültig

la valigia, *pl* le valig(i)e — Koffer *m*
[va'li:dʒa, -e]

fare le valigie — die Koffer packen
['fa:re le va'li:dʒe]

la valle ['valle] — Tal *n*

a valle [a v'valle] — talwärts

il valore [va'lo:re] — Wert *m*; Bedeutung *f*; Tapferkeit *f*

di valore [di va'lo:re] — wertvoll

del valore di [del va'lo:re di] — im Wert von

vano, a ['va:no, -a] — vergeblich, unnütz; leer, hohl

il vantaggio, *pl* i vantaggi — Vorteil *m*; Vorsprung *m*;
[van'taddʒo, -i] — Nutzen *m*

vantare [van'ta:re] — loben

vantarsi (di) [van'tarsi (di)] — stolz sein (auf), prahlen (mit)

il vapore [va'po:re] — Dampf *m*, Dunst *m*; Dampfer *m*

vasto, a ['vasto, -a] — weit, ausgedehnt; umfang-
reich

la vecchiaia [vek'ki̯a:i̯a] — Alter *n*

vecchio, a, *pl* vecchi, vecchie — alt
['vɛkki̯o, -i̯a, -i, -i̯e]

il vecchio, *pl* i vecchi — Greis *m*
['vɛkki̯o, -i]

vedere (visto, veduto) — sehen
[ve'de:re ('visto, ve'du:to)]

vedere con i propri occhi — mit eigenen Augen sehen
[ve'de:re kon i 'prɔ:pri 'ɔkki]

far vedere qc ['far ve'de:re ...] — zeigen

vedremo! [ve'dre:mo] — wir werden sehen!

veda se è già tornato! — sehen Sie nach, ob er schon
['ve:da se 'ɛ d'dʒa ttor'na:to] — zurückgekommen ist

veloce [ve'lo:tʃe] — schnell

la velocità [velotʃi'ta] *inv* — Geschwindigkeit *f*

a tutta velocità — in aller Eile; mit voller
[a t'tutta velotʃi'ta] — Geschwindigkeit

vendere ['vendere] — verkaufen
vendere a caro prezzo — teuer verkaufen
['vendere a k'ka:ro 'prɛttso]
la vendita ['vendita] — Verkauf *m*
venerdì [vener'di] *m* — Freitag *m*
(*cf* domenica)
venire (da) (venuto) — kommen (von)
[ve'ni:re (da) (ve'nu:to)]
far venire ['far ve'ni:re] — kommen lassen
mi viene fame — ich bekomme Hunger
[mi 'viɛ:ne 'fa:me]
vengo chiamato — ich werde gerufen
['vɛŋgo kia'ma:to]
venti ['venti] — zwanzig
il vento ['vɛnto] — Wind *m*
verde ['verde] — grün
la verdura [ver'du:ra] — Gemüse *n*
la vergogna [ver'goɲɲa] — Scham *f*; Schande *f*
è una vergogna! — es ist eine Schande!
[ɛ 'u:na ver'goɲɲa]
avere vergogna di fare qc — sich schämen, etw zu tun
[a've:re ver'goɲɲa di 'fa:re ...]
vergognarsi [vergoɲ'ɲarsi] — sich schämen
la verità [veri'ta] *inv* — Wahrheit *f*
vero, a ['ve:ro, -a] — wahr; echt
veramente — wirklich, wahrhaftig
[vera'mente] *adv*
il versamento [versa'mento] — Einzahlung *f*
versare [ver'sa:re] — gießen, ausgießen; verschütten
versare vino [ver'sa:re 'vi:no] — Wein einschenken
versare denaro — Geld einzahlen
[ver'sa:re de'na:ro]
verso ['vɛrso] — in Richtung (auf), nach; gegen (*zeitlich*)
il verso ['vɛrso] — Vers *m*; Schrei *m*, Laut *m* (*Tiere*)
vestire [ves'ti:re] — anziehen, kleiden
vestirsi [ves'tirsi] — sich anziehen
il vestito [ves'ti:to] — Kleid *n*; Anzug *m*
la vetrina [ve'tri:na] — Schaufenster *n*; Vitrine *f*
il vetro ['ve:tro] — Glas *n*; Fensterscheibe *f*
via ['vi:a] — weg
andare via [an'da:re 'vi:a] — weggehen

la via ['vi:a] — Straße *f (in Ortschaft)*
  abita in Via Dante numero tre — er wohnt in der Dante-Straße 3
  ['a:bita in 'vi:a 'dante 'nu:mero 'tre]
  via Brennero ['vi:a 'brɛnnero] — über den Brenner
  via mare ['vi:a 'ma:re] — auf dem Seeweg

viaggiare [viad'dʒa:re] — reisen
il viaggiatore, la viaggiatrice — Reisende *m/f*; Fahrgast *m*
  [viaddʒa'to:re, viaddʒa'tri:tʃe]
il viaggio, *pl* i viaggi — Reise *f*; Fahrt *f*
  [vi'addʒo, -i]
  fare un viaggio in Italia — eine Reise nach Italien
  ['fa:re un vi'addʒo in i'ta:lia] machen
la vicenda [vi'tʃɛnda] — Wechsel *m*; Ereignis *n*
  a vicenda [a vvi'tʃɛnda] — gegenseitig
vicino, a [vi'tʃi:no, -a] *adj/prp* — benachbart, Nachbar-; nahe bei
  qui vicino ['kui vvi'tʃi:no] — in der Nähe
  vicino a me [vi'tʃi:no a m'me] — neben mir/mich
il vicino, la vicina [vi'tʃi:no, -a] — Nachbar *m*, Nachbarin *f*
vietare [vie'ta:re] — verbieten, untersagen
  vietato l'ingresso! — Eintritt verboten
  [vie'ta:to liŋ'grɛsso]
  vietato toccare la merce! — Berühren der Ware verboten!
  [vie'ta:to tok'ka:re la 'mɛrtʃe]
il vigile ['vi:dʒile] — Polizist *m*
  il vigile urbano — (Stadt-)Polizist *m*
  [il 'vi:dʒile ur'ba:no]
la vigna ['viɲɲa] — Weinberg *m*
la villa ['villa] — Villa *f*; Einfamilienhaus *n*
il villagio, *pl* i villaggi — Ortschaft *f*, Dorf *n*
  [vi'laddʒo, -i]
vincere (vinto) — siegen, besiegen; gewinnen
  ['vintʃere ('vinto)] *(Spiel)*
il vino ['vi:no] — Wein *m*
violento, a [vio'lɛnto, -a] — heftig; gewalttätig; stark
la violenza [vio'lɛntsa] — Gewalt *f*; Heftigkeit *f*
la virtù [vir'tu] *inv* — Tugend *f*
  in virtù di [in vir'tu ddi] — kraft
la visita ['vi:zita] — Besuch *m*; Besichtigung *f*; Untersuchung *f (Kranke)*

visitare [vizi'ta:re] — besuchen; besichtigen; untersuchen

visitare un malato	einen Kranken untersuchen/
[vizi'ta:re um ma'la:to]	besuchen
il viso ['vi:zo]	Gesicht *n*
la vista ['vista]	Sehvermögen *n*; Ansicht *f*,
	Aussicht *f*; Gesicht *n*
a prima vista	auf den ersten Blick
[a p'pri:ma 'vista]	
alla vista di ['alla 'vista di]	beim Anblick
ha la vista debole	er sieht schlecht
['a lla 'vista 'de:bole]	
conoscere qn di vista	jdn vom Sehen kennen
[ko'noʃʃere … di 'vista]	
la vita ['vi:ta]	Leben *n*; Lebensunterhalt *m*;
	Taille *f*
la vittima ['vittima]	Opfer *n*
la vittoria [vit'tɔ:ria]	Sieg *m*
vivace [vi'va:tʃe]	lebhaft, munter; heftig
vivente [vi'vɛnte]	lebend
vivere (vissuto)	leben
['vi:vere (vis'su:to)]	
vive a Milano	er lebt in Mailand
['vi:ve a mmi'la:no]	
ha vissuto una bella vita	er hat ein schönes Leben
[a vvis'su:to 'u:na 'bɛlla 'vi:ta]	gehabt
vivo, a ['vi:vo, -a]	lebhaft; lebendig; lebend
la voce ['vo:tʃe]	Stimme *f*; Gerücht *n*
parlare a bassa voce	leise sprechen
[par'la:re a b'bassa 'vo:tʃe]	
ad alta voce [a'dalta 'vo:tʃe]	laut
corre voce che	es geht das Gerücht um, daß
['korre 'vo:tʃe ke]	
la voglia ['vɔʎʎa]	Lust *f*
avere voglia di fare qc	Lust haben, etw zu tun
[a've:re 'vɔʎʎa di 'fa:re …]	
voi, ve, vi ['vo:i, ve, vi]	ihr; euch
volare [vo'la:re]	fliegen; eilen
volentieri [volon'tiɛ:ri]	gern
volere [vo'le:re]	wollen, mögen
gli voglio bene	ich habe ihn gern
[ʎi 'vɔʎʎo 'bɛ:ne]	
vorrei aiutarLa	ich möchte Ihnen helfen
[vor'rɛ:i aiu'tarla]	
che vuol dire questa parola	was bedeutet dieses Wort?
['ke v'vuɔl 'di:re 'kuesta pa'rɔ:la]	

non me ne voglia!	Seien Sie mir nicht böse!
[nom me ne 'vɔʎʎa]	
ci vuole [tʃi 'vu̯ɔːle]	es ist nötig
il volo ['voːlo]	Flug *m*
capire al volo	sofort begreifen
[ka'piːre al 'voːlo]	
la volontà [volon'ta] *inv*	Wille *m*
contro la mia volontà	gegen meinen Willen
['kontro la 'miːa volon'ta]	
a volontà [a vvolon'ta]	nach Belieben
volontario, a,	freiwillig
pl volontari, volontarie	
[volon'taːri̯o, -i̯a, -i, -i̯e]	
il volontario, *pl* i volontari	Freiwillige *m*
[volon'taːri̯o, -i]	
la volta ['vɔlta]	Mal *n*; Wendung *f*; Gewölbe *n*
una volta ['uːna 'vɔlta]	einmal
un'altra volta [u'naltra 'vɔlta]	ein andermal
qualche volta ['ku̯alke v'vɔlta]	manchmal
a mia volta [a m'miːa 'vɔlta]	meinerseits
ogni volta ['oɲɲi 'vɔlta]	jedes Mal
voltare [vol'taːre]	wenden; umdrehen
voltare le pagine	umblättern
[vol'taːre le 'paːdʒine]	
volti a destra/sinistra	biegen Sie rechts/links ab
['vɔlti a d'dɛstra/ssi'nistra]	
voltarsi [vol'tarsi]	sich umdrehen, wenden
il volume [vo'luːme]	Volumen *n*; Lautstärke *f*; Band *m (Buch)*
abbassare il volume della radio [abbas'saːre il vo'luːme 'della 'raːdi̯o]	das Radio leiser stellen
vostro, a ['vɔstro, -a]	euer
vuoto, a ['vu̯ɔːto, -a]	leer
il vuoto ['vu̯ɔːto]	Leere *f*; Hohlraum *m*; Vakuum *n*

Z

lo zero ['dzɛːro]	Null *f*
non vale uno zero	er ist nichts wert
[non 'vaːle 'uːno d'dzɛːro]	

la zia ['tsi:a] — Tante *f*
lo zio, *pl* gli zii ['tsi:o, -i] — Onkel *m*
zitto, a ['tsitto, -a] — still
  stare zitto ['sta:re t'tsitto] — schweigen
  stai zitto! ['sta:i t'tsitto] — Ruhe!
  zitto zitto ['tsitto t'tsitto] — (still und) heimlich
la zona ['dzɔ:na] — Zone *f*
lo zucchero ['tsukkero] — Zucker *m*

Kurzgrammatik

Der Artikel (Geschlechtswort)

Bestimmter und unbestimmter Artikel

männlicher Artikel		weiblicher Artikel	
vor Konsonant*	vor Vokal	vor Konsonant	vor Vokal
il treno der Zug	**l'**aereo	**la** porta die Tür	**l'**ora
i treni die Züge	**gli** aerei	**le** porte die Türen	**le** ore
un treno ein Zug	**un** aereo	**una** porta eine Tür	**un'**ora

* Vor Wörtern, die mit *s* + Konsonant (z. B. *sb, sc*) oder mit *z*
beginnen, hat der männliche Artikel die Formen *uno, lo, gli:*

uno sciopero	**lo** sciopero	**gli** scioperi
ein Streik	der Streik	die Streiks

● Mit bestimmtem Artikel stehen
— besitzanzeigende Fürwörter (s. S. 158)
— Titel + Name: Dov'è **il signor Neri?** Wo ist Herr Neri?
  (außer bei der Anrede: Buongiorno, signor Neri.)
— Ländernamen: Conosce **l'Italia?** Kennen Sie Italien?
  (außer bei *in* + weiblicher Name: in Italia in/nach Italien)
— Uhrzeit: È **l'una.** Es ist 1 Uhr. Sono **le due.** Es ist 2 Uhr.
— im allgemeinen Sinn gebrauchte Substantive:
  La benzina costa molto. Benzin ist teuer.

● Wendungen mit Artikel:
chiuso il lunedì/il martedì
montags/dienstags geschlossen
l'anno prossimo nächstes Jahr
fare il bagno baden
fare il pieno volltanken
fare il biglietto einen Fahr-
schein lösen

● Wendungen ohne Artikel:
partire lunedì/martedì
am Montag/Dienstag abreisen
in maggio/aprile im Mai/April
andare in città
in die Stadt gehen
andare in treno/macchina
mit dem Zug/Auto fahren

‚a, di, da, in, su' + bestimmter Artikel

Die Präpositionen *a, di, da, in, su* verschmelzen mit dem bestimmten Artikel zu einem Wort, z. B. *a + il* = **al** mare am Meer.

	il	lo	la	l'	i	gli	le
a an, zu	al	allo	alla	all'	ai	agli	alle
di von	del	dello	della	dell'	dei	degli	delle
da von	dal	dallo	dalla	dall'	dai	dagli	dalle
in in	nel	nello	nella	nell'	nei	negli	nelle
su auf	sul	sullo	sulla	sull'	sui	sugli	sulle

Der Teilungsartikel — Mengenangaben mit ‚di'

Der Teilungsartikel besteht aus *di* + bestimmter Artikel. Er bezeichnet eine nicht näher bestimmte Menge oder Anzahl.

unbestimmte Menge/Anzahl	Mi dia **dell'**acqua. Geben Sie mir (etwas) Wasser. Vorrei **del** vino rosso. Ich möchte (etwas) Rotwein. Ha fatto **delle** foto? Haben Sie (einige) Fotos gemacht?

Nur ‚di' (ohne Artikel) steht nach Substantiven, die eine bestimmte Menge oder Anzahl bezeichnen.

bestimmte Menge/Anzahl	un litro **di** vino	ein Liter Wein
	una tazza **di** caffè	eine Tasse Kaffee
	due chili **di** arance	zwei Kilo Orangen
	un milione **di** lire	eine Million Lire

- **un po' di** vino (pane) ein wenig/etwas Wein (Brot)
 un paio di scarpe ein Paar Schuhe

Das Substantiv (Hauptwort)

Substantive im Singular und Plural
(Hauptwörter in der Einzahl und Mehrzahl)

Im Italienischen gibt es
1. männliche Substantive auf *-o* (Plural *-i*);
2. weibliche Substantive auf *-a* (Plural *-e*);
3. männliche und weibliche Substantive auf *-e* (Plural *-i*).

	Singular		Plural		
männl.	il ragazz**o**	der Junge	i ragazz**i**	die Jungen	o⟩i
	il viagg**io**	die Reise	i viagg**i**	die Reisen	io
weibl.	la ragazz**a**	das Mädchen	le ragazz**e**	die Mädchen	a—e
	la strad**a**	die Straße	le strad**e**	die Straßen	
männl.	il padr**e**	der Vater	i padr**i**	die Väter	e—i
weibl.	la madr**e**	die Mutter	le madr**i**	die Mütter	

- Es gibt außerdem einige
- weibliche Substantive auf *-o*, z. B.
  la mano Hand (Plural: le mani), l'auto, la foto, la radio
- männliche Substantive auf *-a* (Plural: *i*), z. B.
  il poeta Dichter, il clima, il programma, il telegramma
- männliche Substantive, die mit Konsonant enden, z. B.
  il bar, il film, lo sport, il tram
- Eine Reihe von Personenbezeichnungen (meist auf *-ante, -ente, -ese, -ista*) werden für männliche und weibliche Personen gebraucht, z. B.
  il cliente der Kunde   il turista der Tourist
  la cliente die Kundin   la turista die Touristin
- Immer im Singular: la gente die Leute, la roba die Sachen
- Immer im Plural: gli occhiali die Brille, i pantaloni die Hose

Besonderheiten bei der Pluralbildung

- Bei den meisten Substantiven auf *-co/ca* und *-go/ga* wird vor der Pluralendung ein stummes *h* eingeschoben:
  il tedesco der Deutsche — i tedes**ch**i; il lago See — i lag**h**i
  Aber: l'amico Freund — gli amici; il medico Arzt — i medici
- Bei den meisten Substantiven auf *-cia* und *-gia* entfällt das *i* vor der Pluralendung:
  l'arancia Orange — le arance; la spiaggia Strand — le spiagge

● Keine Pluralendung haben *auto, foto, radio* sowie alle Substantive, die mit betontem Vokal oder mit Konsonant enden:
la foto — le foto; la città — le città; il bus — i bus
● Unregelmäßige Pluralformen haben
l'uomo Mann — gli uomini; un paio ein Paar — due paia zwei Paar; l'uovo Ei — le uova

Die vier Fälle

Nominativ und Akkusativ haben beim Substantiv dieselbe Form. Der Dativ wird mit Hilfe von *a*, der Genitiv mit *di* ausgedrückt.

Nominativ (Wer? Was?)	**Il caffè** italiano è buono. Der italienische Kaffee ist gut.
Akkusativ (Wen? Was?)	Il cameriere porta **il caffè.** Der Ober bringt den Kaffee.
Dativ (Wem?)	Scrivo una lettera **a mio padre/alla signora.** Ich schreibe meinem Vater/der Dame einen Brief.
Genitiv (Wessen?)	Dov'è la borsa **di Maria/della signora?** Wo ist Marias Tasche/die Tasche der Dame?

Das Adjektiv (Eigenschaftswort)

Die Übereinstimmung mit dem Substantiv

Im Italienischen gibt es
1. Adjektive auf *-o*; sie bilden die weibliche Form auf *-a*;
2. Adjektive auf *-e*; sie haben für beide Geschlechter nur eine Form.

Im Plural wird wie bei den Substantiven: $o \rightarrow i$, $a \rightarrow e$, $e \rightarrow i$.

männlich	Singular	weiblich	männlich	Plural	weiblich
ross**o** rot		ross**a**	ross**i**		ross**e**
	verd**e** grün			verd**i**	

- Bei den meisten Adjektiven auf *-co* und *-go* wird vor der Pluralendung ein stummes *h* eingefügt:
  ricco reich — ric**ch**i, ric**ch**e; lungo lang — lun**gh**i, lun**gh**e
  Aber: simp**a**tico — simpatici, simp**a**ti**ch**e

Das Adjektiv richtet sich in Geschlecht und Zahl immer nach dem Substantiv, auf das es sich bezieht.

il cliente content**o** der zufriedene Kunde	Il cliente è content**o**. Der Kunde ist zufrieden.
la cliente content**a** die zufriedene Kundin	La cliente è content**a**. Die Kundin ist zufrieden.
i clienti content**i** die zufriedenen Kunden	I clienti sono content**i**. Die Kunden sind zufrieden.
le clienti content**e** die zufriedenen Kundinnen	Le clienti sono content**e**. Die Kundinnen sind zufrieden.

Die Stellung des Adjektivs

Das Adjektiv steht im allgemeinen nach dem Substantiv.

> la valigia **nera/rossa/pesante** der schwarze/rote/schwere Koffer
> un giornale **italiano/inglese** eine italienische/englische Zeitung

- Meist vor dem Substantiv stehen
  bello schön   buono gut   grande groß   lungo lang
  brutto häßlich   cattivo schlecht   piccolo klein   bravo tüchtig
- *Buono* wird vor männlichen Substantiven im Singular (außer vor *z* oder *s* + Konsonant) zu *buon* verkürzt:
  Buon viaggio! Gute Reise!
- *Bello* hat vor männlichen Substantiven besondere Formen.
— Vor Konsonant*:
  un **bel** libro ein schönes Buch, dei **bei** libri schöne Bücher
— Vor Vokal:
  un **bell'**abito ein schönes Kleid, dei **begli** abiti schöne Kleider
  * Vor *z* oder *s* + Konsonant steht *bello*, im Plural *begli*.

Die Steigerung des Adjektivs

bello schön	più bello schöner	il più bello der schönste am schönsten	bellissimo sehr schön

Non c'è una città **più bella.** Es gibt keine schönere Stadt. Tutte le altre sono **meno belle.** Alle anderen sind nicht so schön.	Der Komparativ wird gebildet durch Voranstellen von *più* (mehr) bzw. *meno* (weniger).
la città **più bella** del mondo / **la più bella** città del mondo die schönste Stadt der Welt	Der Superlativ wird ausgedrückt durch den Komparativ mit bestimmtem Artikel.
una città **bellissima** eine sehr schöne/wunderschöne Stadt	Die Endung *-issimo* drückt den sehr hohen Grad einer Eigenschaft aus (ohne Vergleich).

● Mantova è grande **quanto/come** Padova.
Mantua ist **so** groß **wie** Padua.
Milano è più grande **di** Ferrara. Mailand ist größer **als** Ferrara.
Costa più **di** mille lire. Es kostet mehr **als** tausend Lire.

● *Buono* und *cattivo* haben unregelmäßige Steigerungsformen:
Questo tè è ... Dieser Tee ist ...

buono	migliore	il migliore	ottimo/buonissimo
gut	besser	am besten	sehr gut
cattivo	peggiore	il peggiore	pessimo/cattivissimo
schlecht	schlechter	am schlechtesten	sehr schlecht

Das Adverb (Umstandswort)

Es gibt ursprüngliche Adverbien, z. B. *tardi* (spät) und von Adjektiven abgeleitete Adverbien.
Abgeleitete Adverbien werden gebildet, indem man an die weibliche Form des Adjektivs die Endung *-mente* anhängt.

lento, -a:	Parla **lentamente.**	Er spricht langsam.
veloce:	Corre **velocemente.**	Er läuft schnell.

● Bei Adjektiven auf *-le* und *-re* entfällt das *e* vor *-mente:*
facile leicht — facilmente

● Den Adjektiven *buono* und *cattivo* entsprechen die Adverbien *bene* und *male:*
Lavora **bene/male.** Er arbeitet gut/schlecht.

● Adverbien werden wie Adjektive gesteigert (s. S. 153).
Bene und *male* haben unregelmäßige Steigerungsformen:
Paolo canta ... P. singt ...

bene	meglio	meglio di tutti	benissimo
schlecht	schlechter	am schlechtesten	sehr gut
gut	besser	am besten	sehr gut
male	peggio	peggio di tutti	malissimo
schlecht	schlechter	am schlechtesten	sehr schlecht

Die Pronomen (Fürwörter)

Personalpronomen (Persönliche Fürwörter)

Personalpronomen im Nominativ

	Singular				Plural		
Nominativ (Wer?)	io ich	tu du	lui er	lei sie Sie	noi wir	voi ihr Sie	loro sie Sie

● Die Nominativformen des Personalpronomens werden beim Verb gewöhnlich weggelassen:
Partiamo oggi. Wir reisen heute ab.
Sie werden nur zur besonderen Hervorhebung des Subjekts gebraucht: Ordino **io?** Soll **ich** bestellen?

● Bei der höflichen Anrede verwendet man (klein oder groß geschrieben) das Personalpronomen der
— 3. Person Singular, wenn man eine Person anredet;
— 2. Person Plural oder (sehr formell) 3. Person Plural, wenn man mehrere anredet.

Personalpronomen im Akkusativ und Dativ

Akkusativ (Wen?)	mi mich	ti dich	lo ihn es	la sie Sie	ci uns	vi euch	li sie	le *männl.* sie *weibl.* Sie
Dativ (Wem?)	mi mir	ti dir	gli ihm	le ihr Ihnen	ci uns	vi euch	gli ihnen Ihnen	Ihnen

● Diese Formen werden nur in Verbindung mit dem Verb gebraucht.
Alleinstehend oder nach Präpositionen verwendet man die Formen: me mich, te dich, lui ihn, lei sie/Sie, noi uns, voi euch/Sie, loro sie/Sie. Der Dativ wird mit Hilfe von *a* ausgedrückt: a me mir

Die Pronominaladverbien ‚ci‘ und ‚ne‘

ci, da, dort, hin	ne davon
Va spesso a Roma / in Italia ?	Vuole delle arance ?
— Sì, **ci** vado ogni anno.	— Sì, me **ne** dia un chilo.
Fahren Sie oft nach Rom/Italien?	Wollen Sie Orangen? — Ja, geben Sie mir ein Kilo (davon).
— Ja, ich fahre jedes Jahr (dort)hin.	

Gekoppelte Personalpronomen

Dativpronomen und das Pronominaladverb *ci* werden den Akkusativpronomen *lo, la, li, le* sowie *ne* vorangestellt und verändern dabei ihre Form.

— Mi/ti/ci/vi/si → me/te/ce/ve/se: **Me lo** dia. Geben Sie es mir.
— Gli/le → glie-: **Gliene** parlerò. Ich werde mit ihm/ihr/ihnen/Ihnen darüber sprechen.

Dativ- und Akkusativpronomen beim Verb

Unbetonte Dativ- und Akkusativpronomen stehen vor dem Verb, in zusammengesetzten Zeiten vor dem Hilfsverb. Dabei werden *lo* und *la* meist zu *l’*, wenn das folgende Wort mit Vokal oder *h* beginnt.

Dativ	Akkusativ	Verb
Mi		può dire . . . ? Können Sie mir sagen, . . . ?
Non	**l’**	ho visto. Ich habe ihn/es nicht gesehen.

Dativ- und Akkusativpronomen werden jedoch angehängt

Siamo contenti di veder**la**. Wir freuen uns, sie/Sie zu sehen.	an den Infinitiv, der dabei den Endvokal verliert
Compra**lo**! Kauf es! Compra**teglielo**! Kauft es ihm! *Aber:* Lo compri! Kaufen Sie es!	an den bejahenden Imperativ (außer in der 3. Person)

- Dativ- und Akkusativpronomen werden auch an *ecco* angehängt: Ecco**lo**! Da ist er/es!

Reflexivpronomen und reflexives Verb
(Rückbezügliche Fürwörter und rückbezügliches Verb)

Reflexivpronomen stehen vor dem Verb.
Bei reflexiven Verben wird das Perfekt mit *essere* (sein) gebildet (s. S. 161). Dabei richtet sich das Partizip Perfekt in Geschlecht und Zahl nach dem Subjekt:
I miei amici si sono rallegra**ti**. Meine Freunde haben sich gefreut.

Präsens	Perfekt
mi rallegro ich freue mich	mi sono rallegrato, -a ich habe mich gefreut
ti rallegri du freust dich	ti sei rallegrato, -a du hast dich gefreut
si rallegra er/sie freut sich Sie freuen sich	si è rallegrato, -a er/sie hat sich gefreut Sie haben sich gefreut
ci rallegriamo wir freuen uns	ci siamo rallegrati, -e wir haben uns gefreut
vi rallegrate ihr freut euch	vi siete rallegrati, -e ihr habt euch gefreut
Sie freuen sich	Sie haben sich gefreut
si rallegrano sie/Sie freuen sich	si sono rallegrati, -e sie/Sie haben sich gefreut

Reflexivpronomen werden jedoch angehängt

rallegrar**si** sich freuen fermar**si** stehenbleiben	an den Infinitiv
ferma**ti** bleib stehen! *Aber:* si fermi bleiben Sie stehen!	an den bejahenden Imperativ (außer in der 3. Person)

● Im Italienischen verwendet man das Verb in der 3. Person re-
flexiv, wenn man kein bestimmtes Subjekt nennen will
(deutsch meist ‚man‘):
Si parla tedesco. Man spricht deutsch.
Si costruisce un ponte. Man baut eine Brücke.
Pregasi di ... Es wird gebeten ...
Affittasi appartamento. Wohnung zu vermieten.

Das Relativpronomen ‚che‘ (Bezügliches Fürwort)

Das Relativpronomen *che* ist unveränderlich. Es kann sich auf
Personen und Sachen beziehen.

Nominativ (Wer? Was?)	il signore / la signora **che** ha telefonato ... der Herr / die Dame, der / die angerufen hat ...
Akkusativ (Wen? Was?)	i guanti / le valigie **che** cerco ... die Handschuhe / Koffer, die ich suche ...

Possessivpronomen (Besitzanzeigende Fürwörter)

	Besitz: Singular männlich		weiblich	Besitz: Plural männlich	weiblich
ein Be- sitzer	il mio il tuo il suo	mein(er) dein(er) sein(er) ihr(er), Ihr(er)	la mia la tua la sua	i miei i tuoi i suoi	le mie le tue le sue
mehre- re Be- sitzer	il nostro il vostro il loro	unser(er) euer(er) Ihr(er) ihr(er) Ihr(er)	la nostra la vostra la loro	i nostri i vostri i loro	le nostre le vostre le loro

● Possessivpronomen werden gewöhnlich mit dem bestimmten Artikel gebraucht: Dov'è **la mia** borsa? Wo ist meine Tasche? Sie stehen jedoch ohne Artikel
— vor Verwandtschaftsnamen im Singular: **mio** zio mein Onkel
— in einigen Wendungen, z. B. a casa **mia** bei mir zu Hause

● *Suo* bezieht sich auf einen männlichen oder weiblichen Besitzer, *loro* bezieht sich auf mehrere Besitzer:
la **sua** chiave sein/ihr Schlüssel — la **loro** chiave ihr Schlüssel

● Possessivpronomen in der Höflichkeitsform können klein oder groß geschrieben werden:
la **sua/Sua** chiave Ihr Schlüssel

Demonstrativpronomen (Hinweisende Fürwörter)

männlich Singular weiblich	männlich Plural weiblich
questo der hier, dieser questa	questi queste
quello der dort, jener quella	quelli quelle

● *Quello* hat vor männlichen Substantiven besondere Formen.
— Vor Konsonant*: **quel** pacco das Paket (dort), Plur. **quei** pacchi
— Vor Vokal: **quell'**uomo der Mann (dort), Plur. **quegli** uomini
  * Vor *z* oder *s* + Konsonant steht *quello*, im Plural *quegli*.

Questa borsa mi piace. Diese Tasche gefällt mir. **Quest'**anno andremo a Roma. Dieses Jahr fahren wir nach Rom.	*Questo* bezieht sich auf Personen oder Sachen, die in unmittelbarer Nähe sind.
Conosce **quel** signore? Kennen Sie den Herrn (dort)? Che abito prende? — **Quello** rosso. Welches Kleid...? — Das rote.	*Quello* bezieht sich auf Personen oder Sachen, die nicht in unmittelbarer Nähe sind.

Fragewörter

Wer? Wen? An wen? Wem?	**Chi** è venuto? Wer ist gekommen? **Chi** cerca? Wen suchen Sie? **A chi** scrive? Wem schreiben Sie?
Was?	**Che cosa** desidera? Was wünschen Sie?
Was für ...?	**Che** libro è questo? Was für ein Buch ist das?
Welcher?	**Quale** strada? Welche Straße? **Qual** è la sua macchina? Welches ist Ihr Auto?
Wieviel?	**Quanto** costa? Wieviel kostet es? **Quanti** chilometri? Wieviel Kilometer?
Wo? Wohin? Woher?	**Dove** si trova ...? Wo befindet sich ...? **Dove** va? Wohin gehen Sie? **Da dove** viene? Woher kommen Sie?
Wann? Um wieviel Uhr? Wie lange?	**Quando** aprono i negozi? Wann öffnen die Geschäfte? **A che ora** parte? Um wieviel Uhr fahren Sie? **Quanto** devo aspettare? Wie lange muß ich warten?
Wie? Warum?	**Come** funziona? Wie funktioniert das? **Perché** non funziona? Warum funktioniert es nicht?

Das Verb (Zeitwort)

Das Präsens (Gegenwart)

● Verbformen werden gewöhnlich ohne Personalpronomen verwendet (s. S. 155): **Abbiamo** tempo. Wir haben Zeit.

● Als Höflichkeitsform verwendet man
— die 3. Person Singular, wenn man eine Person anredet:
  Ha tempo, signor/signora Neri? Haben Sie Zeit, Herr/Frau N.?

— die 2. Person Plural oder (sehr formell) die 3. Person Plural, wenn man mehrere Personen anredet:
Avete tempo? / **Hanno** tempo, signori? Haben Sie Zeit (, meine Herren)?

avere, essere

	avere	haben	essere	sein
io	ho	ich habe	sono	ich bin
tu	hai	du hast	sei	du bist
lui	ha	er hat	è	er ist
lei		sie hat, Sie haben		sie ist, Sie sind
noi	abbiamo	wir haben	siamo	wir sind
voi	avete	ihr habt, Sie haben	siete	ihr seid, Sie sind
loro	hanno	sie haben, Sie haben	sono	sie sind, Sie sind

● c'è da ist, es gibt — ci sono da sind, es gibt

Regelmäßige Verben
Nach ihrer Infinitivendung werden die italienischen Verben in drei Gruppen (Konjugationen) eingeteilt.

	Verben auf -are		-ere	-ire	
	parlare sprechen		vendere verkaufen	partire abreisen	capire verstehen
io	parlo	ich spreche	vendo	parto	capisco
tu	parli	du sprichst	vendi	parti	capisci
lui		er spricht			
lei	parla	sie spricht	vende	parte	capisce
lei		Sie sprechen			
noi	parliamo	wir sprechen	vendiamo	partiamo	capiamo
voi	parlate	ihr sprecht	vendete	partite	capite
		Sie sprechen			
loro	parlano	sie sprechen	vendono	partono	capiscono
		Sie sprechen			

● Verben auf *-ere* haben im Infinitiv den Ton teils auf dem Stamm (z. B. vendere), teils auf der Endung (z. B. vedere sehen).

162

- Die meisten Verben auf *-ire* werden wie *capire* konjugiert.
- Wie *partire:* dormire schlafen, sentire hören, aprire öffnen
- Bei Verben auf *-care/gare* wird vor *i* der Endung ein stummes *h* eingefügt: pag**h**i

Der Imperativ (Befehlsform)

	Vertrauliche Anrede		Höfliche Anrede	
	Singular	Plural	Singular	Plural
avere haben	abbi hab...!	abbiate habt...!	abbia haben Sie...!	abbiate/abbiano
essere sein	sii sei...!	siate seid...!	sia seien Sie...!	siate/siano
parlare sprechen	parla sprich!	parlate sprecht!	parli sprechen Sie!	parlate/parlino
prendere nehmen	prendi nimm!	prendete nehmt!	prenda nehmen Sie!	prendete/prendano
sentire hören	senti höre!	sentite hört!	senta hören Sie!	sentite/sentano
finire aufhören	finisci hör auf...!	finite hört auf...!	finisca hören Sie auf...!	finite/finiscano

- Wie im Deutschen wird auch die 1. Person Plural als Imperativ gebraucht: And**iamo.** Gehen wir!
- Dativ- und Akkusativpronomen (s. S. 156) und Reflexivpronomen (s. S. 157) werden an den bejahenden Imperativ angehängt (außer in der 3. Person):
Compra**lo.** Kauf es! Comprate**lo.** Kauft es! Ferma**ti.** Bleib stehen! Aber: **Lo** compri. Kaufen Sie es! **Si** fermi. Bleiben Sie stehen!
- Beim verneinten Imperativ wird dem Verb *non* vorangestellt; in der 2. Person Singular verwendet man dabei den Infinitiv: **non aspettate** wartet nicht! —**non aspettare** warte nicht!

Das Perfekt (Vollendete Gegenwart)

Das Partizip Perfekt (Mittelwort der Vergangenheit)

Hilfsverben	Regelmäßige Verben auf		
	-are	-ere	-ire
avere essere	parl**are**	vend**ere**	cap**ire**
avuto stato	parl**ato**	vend**uto**	cap**ito**
gehabt gewesen	gesprochen	verkauft	verstanden
Partizipendung:	-ato	-uto	-ito

● Verben mit unregelmäßigem Partizip Perfekt (s. auch S. 165):

accendere anzünden	acceso	rompere zerbre-	rotto
aprire öffnen	aperto	chen	
chiedere fragen/bitten	chiesto	scendere hinunter-/	sceso
chiudere schließen	chiuso	aussteigen	
correre laufen	corso	scrivere schreiben	scritto
fare tun/machen	fatto	spegnere löschen,	spento
leggere lesen	letto	ausmachen	
mettere setzen/stel-	messo	spendere ausgeben	speso
len/legen/anziehen		vedere sehen	visto
offrire anbieten	offerto	vivere leben	vissuto

Das Perfekt mit ‚avere' und ‚essere'

Das Perfekt bildet man mit dem Präsens des Hilfsverbs
— *avere* (haben) + Partizip Perfekt: ho avuto ich habe gehabt
— *essere* (sein) + Partizip Perfekt; dabei richtet sich das Partizip in Geschlecht und Zahl nach dem Subjekt:
Le mie amiche sono stat**e** a Roma. Meine Freundinnen sind in Rom gewesen.

Perfekt mit *avere*	Perfekt mit *essere*	
	Subjekt: männlich	weiblich
ho capito ich habe verstanden	sono andato ich bin gegangen	sono andata
hai capito du hast verstanden	sei andato du bist gegangen	sei andata
ha capito er/sie hat verstanden	è andato er ist gegangen	è andata sie ist gegangen
Sie haben verstanden	Sie sind gegangen	Sie sind gegangen
abbiamo capito wir haben verstanden	siamo andati wir sind gegangen	siamo andate
avete capito ihr habt verstanden	siete andati ihr seid gegangen	siete andate
Sie haben verstanden	Sie sind gegangen	
hanno capito sie haben verstanden	sono andati sie sind gegangen	sono andate
Sie haben verstanden	Sie sind gegangen	

● Abweichend vom Deutschen bildet man das Perfekt
— mit *essere* bei reflexiven Verben (s. S. 161)
— mit *avere* bei *viaggiare* reisen, *passeggiare* spazierengehen:
  Abbiamo viaggiato molto. Wir sind viel gereist.

Futur und Konditional (Zukunft und Bedingungsform)
Das Futur

	-are		-ere	-ire
	comprare		vendere	partire
io	comprerò	ich werde	venderò	partirò
tu	comprerai	kaufen	venderai	partirai
lui	comprerà		venderà	partirà
lei				
noi	compreremo		venderemo	partiremo
voi	comprerete		venderete	partirete
loro	compreranno		venderanno	partiranno

Das Konditional

io	comprerẹi ich würde	venderei	partirei
tu	comprerẹsti kaufen	venderesti	partiresti
lui lei	comprerẹbbe	venderebbe	partirebbe
noi	comprerẹmmo	venderemmo	partiremmo
voi	comprerẹste	vendereste	partireste
loro	comprerẹbbero	venderebbero	partirebbero

- Das Konditional wird oft in höflichen Wendungen gebraucht:
  Vorrei una camera singola. Ich möchte ein Einzelzimmer.
  Avrebbe un fiammifero? Hätten Sie ein Streichholz?
  Mi **potrebbe** aiutare? Könnten Sie mir helfen?

- Verben auf -*care/gare* schieben vor *e* der Endung ein stummes *h* ein: pag**h**eremo wir werden zahlen

Wichtige unregelmäßige Verben

andare gehen fahren — andato gegangen, gefahren

Präsens	vado vai va	andiamo andate vanno
Imperativ	va' vada	andate vadano
Futur	andrò etc.	*Konditional:* andrei etc.

avẹre haben — avuto gehabt

Präsens	ho hai ha	abbiamo avete hanno
Imperativ	abbi abbia	abbiate abbiano
Futur	avrò etc.	*Konditional:* avrei etc.

bere trinken — bevuto getrunken

Präsens	bevo bevi beve	beviamo bevete bevono
Imperativ	bevi beva	bevete bevano
Futur	berrò etc.	*Konditional:* berrei etc.

dare geben — dato gegeben

Präsens	do	dai	da		diamo	date	danno
Imperativ		da'	dia			date	diano
Futur	darò etc.			*Konditional:* darei etc.			

dire sagen — detto gesagt

Präsens	dico	dici	dice	diciamo	dite	dicono
Imperativ		di'	dica		dite	dicano
Futur	dirò etc.			*Konditional:* direi etc.		

dovere müssen, sollen, schulden — dovuto gemußt/müssen

Präsens	devo	devi	deve	dobbiamo	dovete	devono
Futur	dovrò etc.			*Konditional:* dovrei etc.		

● Ha dovuto pagare. Er hat zahlen müssen.

essere sein — stato gewesen

Präsens	sono	sei	è		siamo	siete	sono
Imperativ		sii	sia			siate	siano
Futur	sarò etc.			*Konditional:* sarei etc.			

fare tun, machen — fatto gemacht

Präsens	faccio	fai	fa	facciamo	fate	fanno
Imperativ		fa'	faccia		fate	facciano
Futur	farò etc.			*Konditional:* farei etc.		

potere können — potuto gekonnt/können

Präsens	posso	puoi	può	possiamo	potete	possono
Futur	potrò etc.			*Konditional:* potrei etc.		

● Non ha/è potuto venire. Er hat nicht kommen können.
  Mi potrebbe dire ...? Könnten Sie mir sagen, ...?

rimanẹre bleiben — rimasto geblieben

Präsens	rimango rimani rimane rimaniamo rimanete ri-mangono
Imperativ	rimani rimanga rimanete ri-mangano
Futur	rimarrò etc. *Konditional:* rimarrei etc.

salịre steigen, einsteigen — salito (ein)gestiegen

Präsens	salgo sali sale saliamo salite salgono
Imperativ	sali salga salite salgano

sapẹre wissen, können — saputo gewußt

Präsens	so sai sa sappiamo sapete sanno
Futur	saprò etc. *Konditional:* saprei etc.

scẹgliere (aus)wählen — scelto (aus)gewählt

Präsens	scelgo scegli sceglie scegliamo scegliete scel-gono
Imperativ	scegli scelga scegliete scel-gano

stare stehen, sein, bleiben — stato gewesen

Präsens	sto stai sta stiamo state stanno
Imperativ	sta' stia state stiano
Futur	starò etc. *Konditional:* starei etc.

tenẹre halten — tenuto gehalten

Präsens	tengo tieni tiene teniamo tenete tengono
Imperativ	tieni tenga tenete tengano

uscịre hinausgehen, ausgehen — uscito (hin)ausgegangen

Präsens	esco esci esce usciamo uscite escono
Imperativ	esci esca uscite escano

venire kommen — venuto gekommen

Präsens	vengo vieni viene veniamo venite vengono
Imperativ	vieni venga venite vengano
Futur	verrò etc. *Konditional:* verrei etc.

volere wollen — voluto gewollt/wollen

Präsens	voglio vuoi vuole vogliamo volete vogliono
Futur	vorrò etc. *Konditional:* vorrei etc.

- Non ha/è voluto venire. Er hat nicht kommen wollen.
  Vorrei un gelato. Ich möchte ein Eis.

Verb + Objekt (Zeitwort + Satzergänzung)

Bei einer Reihe von Verben steht abweichend vom Deutschen ein

Akkusativobjekt			(Deutsch: Dativobjekt)	
aiutare ascoltare ringraziare seguire	la signora	der Dame	helfen zuhören danken folgen	
Dativobjekt			(Deutsch: Akkusativobjekt)	
chiedere domandare parlare telefonare	alla signora	die Dame	fragen, bitten fragen, bitten sprechen anrufen	

Bei Verben mit Akkusativ- und Dativobjekt steht gewöhnlich das Akkusativobjekt (Sachobjekt) vor dem Dativobjekt (Personenobjekt): dare qualcosa a qualcuno jemandem etwas geben

	Akkusativ	Dativ	
Ha dato	la borsa	alla signora.	Er hat der Dame die Tasche gegeben.
Chiede	la strada	a un passante.	Er fragt einen Passanten nach dem Weg.

Die Wortstellung

Die regelmäßige Wortstellung im Aussagesatz ist

	Subjekt	Verb	Satzergänzung	
	Carla	compra	la borsa.	C. kauft die Tasche.
Oggi	Carla	ha comprato	la borsa.	Heute hat C. die Tasche gekauft.

Das Subjekt wird jedoch dem Verb nachgestellt

Oggi è arrivata Carla. Heute ist C. angekommen.	wenn das Subjekt besonders hervorgehoben werden soll
Dov'è la mia borsa? Wo ist meine Tasche?	in Fragesätzen

● Fragesätze ohne Fragewort haben meist die regelmäßige Wortstellung des Aussagesatzes:
Ha visto il signor Neri? Haben Sie Herrn Neri gesehen?

Die Verneinung

no

È stanco? — **No,** signora. Sind Sie müde? — Nein.
Pioverà? — Speriamo **di no.** Wird es regnen? — Hoffentlich nicht.

non

	non Verb	
Perché **non** è venuto?		Warum ist er nicht gekommen?
Gina **non** ha tempo.		Gina hat keine Zeit.

● Zwischen *non* und Verb stehen Dativ- und Akkusativpronomen sowie *ci* (da, dort) und *ne* (davon):
  Non lo vedo. Ich sehe ihn/es nicht.
  Non ci sono panini. Es gibt keine Brötchen.

non . . . nessuno/nulla/niente/mai etc.

Non c'è **nessuno**.	Es ist niemand/keiner da.
Non voglio **nulla/niente**.	Ich will nichts.
Non fumo **mai**.	Ich rauche nie.
Non fumo **più**.	Ich rauche nicht mehr.
Non beve **né** vino **né** birra.	Er trinkt weder Wein noch Bier.

● Wird der zweite Teil der Verneinung dem Verb vorangestellt, entfällt *non*: Nessuno è venuto. Niemand ist gekommen.

fehler abc

Deutsch-Italienisch

Von B. Huter. Klettbuch 51853

Der Italienischlernende stolpert über so manche sprachliche Tücken. Das Fehler ABC soll ihm helfen, sich seiner Irrtümer bewußt zu werden und sie gezielt zu bekämpfen.

Die Arbeit mit dem Buch ist einfach:

● 50 Kontrollaufgaben zeigen dem Lernenden, welche typischen Fehler er macht.

● Eine Anleitung erklärt den richtigen Gebrauch der kritischen Ausdrücke. Ihre Anwendung wird durch Übersetzen der deutschen Beispielsätze geübt.

● Die Lösungen der Übungssätze sind durch einen Überdruck unleserlich gemacht worden. Sie werden sichtbar, wenn die dem Buch beigegebene Folie auf den Text gelegt wird.

Das praktische und handliche Fehler ABC erhalten Sie in Ihrer Buchhandlung.

Klett

Reisewörterbücher

Englisch (Klettbuch 51861)
dazu Compact-Cassette (Klettnummer 51871)

Französisch (Klettbuch 51862)
dazu Compact-Cassette (Klettnummer 51872)

Italienisch (Klettbuch 51863)
dazu Compact-Cassette (Klettnummer 51873)

Spanisch (Klettbuch 51864)
dazu Compact-Cassette (Klettnummer 51874)

Portugiesisch (Klettbuch 51866)
dazu Compact-Cassette (Klettnummer 51876)

Serbokroatisch (Klettbuch 51867)
dazu Compact-Cassette (Klettnummer 51877)

Griechisch (Klettbuch 51868)
dazu Compact-Cassette (Klettnummer 51878)

Türkisch (Klettbuch 51869)
dazu Compact-Cassette (Klettnummer 51879)

Arabisch (Klettbuch 51811)
dazu Compact-Cassette (Klettnummer 51821)

Schwedisch (Klettbuch 51812)
dazu Compact-Cassette (Klettnummer 51822)

Dänisch (Klettbuch 51813)
dazu Compact-Cassette (Klettnummer 51823)

Niederländisch (Klettbuch 51814)
dazu Compact-Cassette (Klettnummer 51824)